윌프레드 캔트웰 스미스의 종교학과 대승기신론의 만남

하느님과 일심

God and One Mind

윌프레드 캔트웰 스미스의 종교학과 대승기신론의 만남

윌프레드 캔트웰 스미스의 종교학과 대승기신론의 만남

하느님과 일심

God and One Mind

류제동

KSI 한국학술정보㈜

To that solitary individual

God and One Mind

An Encounter between Wilfred Cantwell Smith
and *The Awakening of Faith in Mahayana*

Jeidong Ryu

tat tvam asi

책머리에

불교는 무신론인가? 불교연구자들, 특히 동양의 연구자들 가운데에는 불교가 무신론이라고 너무 당연하다는 듯이 이야기하는 사람들이 상당히 있다. 오늘날 지구촌화하는 시대에 있어서 어떤 어휘를 사용하는 데 있어서는 그 어휘를 자신과 다른 문화권의 사람들이 어떻게 이해하는가를 고려하지 않을 수 없다. 어휘란 자기를 표현하는 수단이기도 하지만 타인의 언어세계 안으로 자신을 소통시키기 위한 수단이기도 한 것이다.

곧, 불자로서 불교가 무신론이라는 말을 할 때에는 지구촌의 다른 문화권에 사는 사람들이 그러한 말을 어떻게 받아들일지를 고려해야 한다. 특히 유신론적 전통을 강하게 유지해온 문화권 중의 하나인 서구에서는 무신론이라는 말이 어떻게 이해되어 왔는가를 불자들은 심각하게 고려할 필요가 있다. 역으로 서구인들은 불교가 무신론을 자처할 때 그러한 주장을 어떻게 이해해야 되는지 심각하게 반성해 볼 필요가 있다. 불자들이 부정하는 '신'이라는 것이 어떠한 신인지를 정확하게 이해할 필요가 있는 것이다.

20세기의 대표적 종교학자 중의 한 명인 윌프레드 캔트웰 스미스(Wilfred Cantwell Smith)는 종교전통을 이해함에 있어서 코페르니쿠스적 전환을 이루어, 종교적 헌신의 대상 자체에 초점을 맞추며 교리적 해석에만 매달리던 기존의 관행에서 벗어나서 종교적 헌신을 하고 있는 인간의 인격적 실존에 초점을 맞춤으로써, 인간에 대한 보다 깊이 있는 이해를 가능하게 할 뿐만 아니라, 종교적 헌신의 대상 자체에 대해서도 매우 심오한 통찰을 보여주고 있다. 곧 스미스는 신앙을 초월적 실재에 대한 통찰이자 응답으로서 명료화하는 가운데, 초월적 실재 자체의 객관적 실체에 대하여 접근하는 시도를 하기보다는, 신앙인이 어떻게 자신의 세속적 세계를 초월하는가에 초점을 맞춘다.

곧 스미스에게 있어서, 신앙은 어떤 특정한 실체로서의 초월적 실재를 상정하고 섬기느냐 여부보다는, 신앙인 자신의 삶에서 자기 자신과 자신의 이웃과 우주를 경험하는 가운데 그 안에서 초월적 실재를 어떻게 경험하느냐 하는 점에 초점을 맞추어 이해된다.

이러한 점에서 스미스는 그리스도교와 불교를 현대의 일반화된 시각과는 다른 새로운 시각으로 바라본다. 그의 시각은 전통적인 의미의 그리스도교와 불교를 올바르게 이해하는 것에 지나지 않지만, 현대인들에게 있어서 매우 신선한 해석을 제시한다.

스미스에게 있어서, 그리스도교는 어떤 타자로서의 하느님을 상정하고 섬기는 데 초점이 있는 종교로서 이해되는 것이 아니라, 스스로의 삶과 이웃의 삶과 자신이 살고 있는 우주를 세속적인 차원을 넘어서는 초월적 차원에서 심층적으로 이해하도록 해주는 종교로서 새롭게 자리매김 된다.

이러한 시각에서 스미스는 불교 또한 아시아의 사람들에게 스스로와 자신의 이웃과 우주를 초월적 차원에서 통찰하고 그러한 차원에 실천적으로 응답하도록 하는 역할을 해왔음에 주목한다. 그리고 그러한 통찰과 응답을 가능하게 하는 궁극적 실재로서 다르마(Dharma)가 불자들에게 중시되어 왔음에 주목한다. 곧 그는 그리스도교에서의 하느님에 해당하는 역할을 불교에서의 다르마가 해왔음을 명쾌하게 밝혀내고 있다. 이러한 점에서 불교는 단순히 허무주의적 무신론으로 치부되어서는 안 된다. 불교는 현상적 차원에서 그리스도교의 인격신적 유신론과는 다르지만, 심오한 의미에 있어서 다르마라는 궁극적 실재를 통한 초월적 신앙을 유지해왔다는 점에서 명백하게 유신론적 종교인 것이다.

이러한 스미스의 시각은 대승불교에는, 특히 우리가 살고 있는 동아시아의 대승불교에는 어떻게 적용될 수 있을까? 동아시아 대승불교에서 그리스도교의 공관복음서와 같은 역할을 해왔다고 해도 과언이 아닌 『대승기신론(大乘起信論)』은 스미스의 시각으로 정당하게 이해될 수 있는가?

『대승기신론(大乘起信論)』은 제목 그대로 풀이한다면 대승이 신앙을 일으키는 것에 관한 논이다. 대승은 중생의 내면에 있는 여래장으로서의 일심(一心)을 가리키며, 그 일심이 중생으로 하여금 세속적 세계를 초월하는 통찰과 실천적 응답을 가능하게 하는 궁극적 실재라는 것을 스미스의 시각은 올바르게 이해하도록 해준다. 중생은 여래장이 있기에 세속적 세계를 단순히 세속적 세계로 보지 않고 진여로서의 일심의 섭리하에 있는 초월적 세계의 차원에서 바라볼 수 있는 것이다. 이러한 통찰은 중생으로 하여금 세속적 세계에 매몰된 삶이 아니라, 세속적 세계를 끊임없이 초월하며 자신의 삶과 이웃의 삶을 개선해나가고 보다 나은 우주를 건설하도록 하는 추진력이 된다. 이러한 의미에서 일심은 그리스도교의 인격적 신관과는 현상적 표현은 다르지만, 충분히 비견할 만한 역할을 하는 초월적인 궁극적 실재의 개념화로서 이해되어 마땅하다.

요컨대, 이 연구는 윌프레드 캔트웰 스미스의 신앙 개념에 대한 신층적 이해를 기반으로 하여, 그가 그리스도교와 불교를 어떻게 새롭게 이해하는지를 살펴보고, 동아시아의 대승불교에서 그리스도교의 공관복음서와 같은 역할을 해왔다고 해도 과언이 아닌 『대승기신론(大乘起信論)』은 그러한 스미스의 시각에서 어떻게 이해될 수 있는가를 살펴보는 것을 목적으로 한다.

이러한 이해를 바탕으로 하여, 필자는 대승불교가 단순히 방편적 차원에서가 아니라 그 심오한 차원에 있어서 그리스도교와 깊이 있는 대화를 나누며 서로를 유익하게 할 수 있는 상생적인 대화 파트너로서 뚜렷하게 부각될 수 있기를 기대한다.

이 연구는 본래 서강대학교 종교학과의 박사학위 논문으로 제출되었던 것이다. 오랜 기간 자상한 배려와 함께 지도해주신 길희성 교수님과, 논문을 완성하는 과정에서 아낌없는 조언을 해주신 김승혜 교수님, 김재영 교수님, 정인재 교수님, 그리고 스님이자 학자로서 필자의 불교 이해의 지평을 넓혀주신 전해주 교수님께 깊이 감사드린다. 서강대학교 종교학과 선후배들의 조언도 큰 도움이 되었다. 그리고 이 책이 출간되도록 애써주신 한국학술정보사의 신재훈 선생님과 여러분들께 깊이 감사드린다. 책으로 출간하면서 일반 독자들에게 평이하게 읽힐 수 있도록 하고자 하였으나 여의치 못하여 그다지 쉬운 글이 아닌 채로 출간하게 된다. 독자 제현의 양해와 아울러 아낌없는 질정을 바란다.

차 례

서 론

1절 연구의 목적

불교는 무신론인가? 그리스도인들을 비롯한 외부인들은 물론이고 불자들도 불교는 무신론이라고 스스럼없이 이야기하는 것이 오늘날의 현실이다. 그리고 그 점이 그리스도교와 불교의 주된 차이점이라고 우선적으로 거론되곤 한다. 심지어 한국의 대표적 종교학자 중의 한 명인 유병덕 교수조차 종교 갈등의 문제를 논하는 글에서 다음과 같이 말한다.

> 교리체계에 있어서 불교와 근본적으로 다른 점을 지적한다면 기독교[그리스도교]의 교리는 유신론적(有神論的) 타력신교(他力信教)라면 불교는 이와 정반대로 무신론적(無神論的) 자력신교(自力信教)라고 말할 수 있다.[1]

유병덕 교수는 불교와 그리스도교가 유신론과 무신론이라는 정반대의 교리를 갖고 있으며, 그에 따라 타력과 자력이라는 차이로 갈등을

---

[1] 유병덕, "종교 갈등의 문제," 『월간 불광』1997년 10월호.
http://www.bulkwang.org/1997/10/971007.html

빚고 있다고 지적하고 있는 것이다.

이러한 시각은 비단 국내뿐만이 아니다.

일본의 대표적인 불교학자 중의 한 명인 히사마쯔 신이찌는 불교는 무신론이라고 주장할 뿐만 아니라 아예 신앙이 아니라고 주장한다. 그는 다음과 같이 말한다.

> 신앙은 항상 그것보다도 높은 것을 그곳에 예상하고 있다. 그런데 진정한 종교란 신을 믿는 것이 아니며 도리어 그 믿음이 완전히 주체적으로 다가와야 한다.[2]

이러한 히사마쯔 신이찌의 주장은 신을 믿는 것 곧 '항상 그것보다도 높은 것을 그곳에 예상하고 있다'는 신앙을 부정하는 불교가 진정한 종교라고 주장하는 것이다. 이러한 그의 입장은 초월을 부정하는 다음의 언급에서도 잘 드러난다.

> 본래의 부처는 결코 내재적이지 않으며 초월적이지도 않다. 본래의 부처는 오히려 현재적이다. 초월적인 대상을 부처라고 부를 수 없음은 물론이지만, 또한 내재적인 것도 진불(眞佛)이라고 말할 수 없다. 현재적이어야 비로소 진실한 부처라고 할 수 있다.[3]

그는 불교에서 초월적 요소만을 부정하는 것이 아니라 내재적인 요소조차 부정해버린다. 이른바 신앙이 자리 잡을 기반을 철저히 제거하고 있는 것이다. 단순한 현재를 강조하는 그의 입장은 이상주의(Idealism)를 배격하는 다음의 언급에서도 뚜렷이 드러난다.

---

2) 히사마쯔 신이찌·야기 세이이찌 외 지음, 『무신론과 유신론─포스트모던 시대의 종교와 철학이란?』(정병조·김승철 공역, 대원정사, 1994), 63쪽.
3) 같은 책, 61쪽.

이상주의(Idealism)에서는 이러한 현재가 어디까지나 영원한 미래에 현성할 수 있으며, 부처로 되는 것은 영원한 미래의 일로 간주된다. 그런데 불교의 경우는 오히려 이상주의에서 말하는 영원한 미래가 현재의 모습을 취한다.[4]

그는 이상주의를 영원한 미래에 대한 것으로 단순화하면서 배격하고 있는 것이다. 이러한 현재 중심의 입장이 과연 불교에 대한 정당한 이해인가?

그들이 모두 불교학계의 대표적 학자에 속하는 인물들이라는 점에서 그들의 이해를 쉽사리 비불교적 이해라고 배격하기는 어려울 것이다. 그러나 다음과 같은 의문을 여전히 품게 되는 것은 필자만이 아닐 것이다. 초월과 이상이 없는, 신앙이 없는 불교가 실제의 불교를 전적으로 대변한다고 할 수 있는가? 역사적으로 수 천 년 동안 전개되어온 불교가 과연 온전히 그러한 불교였는가?

그리고 히사마쯔 신이찌는 도대체 유신론을 어떻게 이해하면서 불교가 무신론이라고 이야기하고 있는 것인가? 그는 그리스도교에서의 신에 대하여 다음과 같이 이야기한다.

기독교[그리스도교]에서도 신은 우리 인간에게 '절대로 알려지지 않는 것[알려질 수 없는 것]'(Schlechthinunerkennbares)이다. 거기에서 신은 아무리 해도 자율과 절연(絶緣)된다. 따라서 극단저으로 말히면, 결국 신과 인간관계는 절대 단절(絶對斷絶)이고 절대 현절(絶對懸絶)이다. 그 절대 현절이 신을 신답게 하는 근거라고 한다.[5]

그는 그리스도교의 신이 이른바 '절대 타자'로서의 신이라고 이해하고 있다는 것이 여기에서는 뚜렷하다. 신과 인간의 관계를 절대적

---

4) 같은 책, 62쪽.
5) 같은 책, 39쪽.

으로 타자인 관계로 상정하고 인간으로서는 전혀 알 수 없는 신을 섬기는 것이 그리스도교라고 하고 있는 것이다.

이러한 언급이 그리스도교에 대한 올바른 이해인가? 일부 그리스도인들이 혹은 상당수의 그리스도인들이 이렇게 이해하고 있다고 양보한다고 하더라도 그것만이 그리스도교라고 할 수 있는가? 그리고 만약 그렇게 이해하고 있다고 하더라도 그러한 이해가 그 그리스도인들에게 지니는 의미는 무엇인가? '절대 타자'로서의 하느님이 그냥 인간의 자율을 좌절시키는 존재이기만 한 것인가? 한 번 더 양보해서 인간의 자율을 좌절시킨다고 하더라도, 인간의 자율을 좌절시킨다는 것의 의미는 무엇인가를 물어보아야 하지 않을까?

다시 말해서, 그는 너무 표현에만 매달려서, 그것도 일부의 극단적인 표현에만 매달려서 흑백논리로 불교와 그리스도교를 판단하고 있는 것은 아닌가?

이러한 의문은 서구에서 무신론이 어떠한 의미를 지니어 왔는지 그리고 서구에서 어떤 종교를 무신론이라고 이야기할 때 어떠한 함의와 함께 그렇게 이야기하는 것인지에 대한 반성적 성찰에서 좀더 심각해진다. 기 리처드 웰번(Guy Richard Welbon)은 『불교의 열반과 그 서구의 해석자들(The Buddhist Nirvana and its Western Interpreters)』이라는 저서에서, 서구에서 16세기에서 거의 18세기에 이를 때까지 불교에 관한 지식이 대개 다양한 여행자들이나 선교사들을 통하여 얻어졌음을 이야기하면서 다음과 같이 서술하고 있다.

> 이 시기의 보고서들은 대개 불자들을 단지 우상숭배자들로 특징짓고 있지만 이따금 그 분석은 좀더 "미묘해져서(delicate)" 불자들의 사고와 행동에 있어서 두 차원이 구분되기도 했는바 우상숭배적인 차원과 무신론적인 차원이었다. 이러한 방식으로 불자들을 구분하는 대부분의 설명에 따르면 우상숭배자들은 '낮은' 법을 따르며 무신론자들은 '높은' 법을 따른

다고 이야기된다.[6]

　여기에서 우리는 기 리처드 웰번이 '미묘해져서'라는 말에 쌍따옴
표를 치고 있는 것에 유의할 필요가 있다. 그냥 별 생각 없이 읽으면
당시에 서구에서 벌써 불교에 대한 깊은 이해가 이루어져서 단순히
방편적으로 불상 등에 대한 숭배가 용인되는 것과 심오한 차원에서
그러한 방편을 넘어서는 것에 대한 분별이 이루어졌구나 하고 생각할
수도 있지만, '미묘해져서'라는 말은 그 이전에 비해서 구분이 좀더

---

6) Guy Richard Welbon, *The Buddhist Nirvana and its Western Interpreters* (Chicago: The University of Chicago Press, 1968), p.18. 덧붙여서 서양에서의 불교에 대한 초기 이해를 간략하게 살펴보자면, 우선 'Boudhism'이라는 어형은 1801년에야 처음으로 나타난다. "Buddhism," *Oxford English Dictionary* (Oxford: Oxford University Press, 1994). 캔트웰 스미스의 조사에 의하면 'Buddhism'에 관한 최초의 저서는 1828년에야 출간된다. Isaac Jacob Schmidt, *Ueber die Verwandtschaft der gnostisch-theoso-phischen Lehren mit den Religionssystemen des Orients, vorzüglich dem Buddhaismus*, Leipzig, 1828. 스미스는 다음 저서도 참조하기를 권한다. E. Upham, *The History and Doctrine of Buddhism, popuparly illustrated with notices of the Kappooism, or Demon Worship, and of the Bali, or planetary incantations of Ceylon*, London, 1829. 스미스에 의하면 19세기 유럽은 'Buddhism'이라는 이 용어를 새로 만들었을 뿐만 아니라, 불교 전통에 관한 지식이 거의 없이 시작했다. 스미스에 의하면, 1810년의 Encyclopaedia Britannica 제4판은 불자들의 공동체나 전통에 관한 항목이 전혀 없을 뿐만 아니라 19세기의 끝 무렵에 Chinese Buddhism이라고 부르게 되는 것에 대해서도, 중국의 고대 종교의 理神論적인 순수성을 오염시키고 있는, 인도로부터 도입된 사악한 미신으로서 Fo라는 우상에 관련된 종파라고 서술하고 있다(China 항목, vol. Ⅵ, pp.26, 28-29; vol.Ⅵ, pp.496-498의 Confucious 항목도 참조.). 그리고 Fo라는 항목은 있는데, '중국인들의 우상의 하나'라고 서술하고 있다(vol.Ⅷ, p.781). 1842년의 제7판에서는, Buddha라는 항목이 있는데, 그가 '비슈누의 두 화현 중의 하나'(vol.V. p.636)로서, 신들의 적들이 거짓된 견해들을 택하고 힌두 종교를 거부함으로써 파멸되도록 오도하기 위하여 나타났다고 일컬어진다고 서술하고 있다. 스미스에 의하면 이것은 아마도 혐오스러운 이단에 대한 일부 인도인들의 기억을 반영하고 있는지도 모른다. 1853-1861년간의 제8판에서는 Japan(vol.Ⅻ, p.695)이라는 항목에서 '붓다의 종교'를 일본의 종교들 중의 하나로 인식하고 있으며, China(vol.Ⅵ, p.568)라는 항목에서는 'Buddh의 교설의 어리석음과 부조리함'에 관한 언급이 있다. 그나마 Buddhism(vol.Ⅳ, pp.424-438)이라는 별도의 항목을 우리가 발견하게 되는 것은 1875년의 제9판에 와서이다. Wilfred Cantwell Smith, *The Meaning and End of Religion* (San Francisco: Harper & Row Publishers, 1962, 1963, 1978), p.253 note 36.

이루어지고 있음에 불과하다는 것을 형용하고 있음을, 우리는 바로 이 부분에 대한 주석에서 쉽게 알 수 있다. 곧 웰번은 볼테르의 다음과 같은 신랄한 평가를 덧붙이고 있다.

> 관료들과 지식인들은 보다 순수한 것[유교?]으로 스스로를 양육하고 있는 반면에, 이 종파들은 서민들의 양육에 필요한 일종의 조잡한 음식으로 활용되기 때문에 중국에서 용인되고 있다. 민중들은 합리적인 종교를 가질 만한 자격이 없는 것으로 여겨지는 것 같다.[7]

곧 당시 서구 지성인들은 불교가 중국 지성인들에게는 하등 가치가 없으며 무지몽매한 서민들에게나 어울리는 조잡한 것으로 여겨지고 있었다고 관찰하고 있으며, 불교를 합리적인 종교가 아닌 것으로 평가절하하고 있는 것이다. 불교에서 무신론을 따르는 사람들이 '높은' 법을 따르는 사람들이라고 해서 좋게 평가하고 있는 것이 아닌 것이다. 이러한 불교에 대한 비판적 인식은 웰번이 바로 이어서 인용하고 있는 노엘 알렉산더(Noël Alexander)의 다음과 같은 글에서도 뚜렷이 나타난다.

> 포(Fo, 붓다에 상응하는 중국어)라는 신(god)을 섬기는 사제들의 비밀스런 가르침은 순전한(unalloyed) 무신론(atheism)이다……여기에 이 종파의 미스터리가 있으니, 이 종파는 애초부터 선과 악을 도대체 구분하지 않으며 사색하는 것을 덕이라고 여기지도 않고 노동하는 것을 덕스럽다고 여기지도 않는다. 죽음 이후에 보상이나 벌을 인정하지도 않고, 영혼에 관한 섭리나 불멸을 믿지 않는다. 모든 것을 혼돈스러운 공허(void) 곧 시작도 끝도 없는 단순한 무(nothing)로서의 공허로 환원시킨다. 완전한 무차별과 무감각(apathy)과 무관심한 고요함에 완성이 있다고 간주한다.[8]

---

7) ibid., pp.18-19. 원 출처는 다음과 같다. *Oeuvres complètes de Voltaire*, Vol. XX: *Essai sur les moeurs et l'esprit des nations* (2d de.; Paris: Baudouin Frères, 1827), p.343.

8) Guy Richard Welbon, op. cit, p.18. 원 출처는 다음과 같다. De Lubac, *La Renco-*

곧 당시 서구인들이 불교의 가르침을 '순전한 무신론'이라고 평가하는 것에는 불교를 부도덕한 가르침이라고 간주하는 신랄한 비판의식이 깔려 있는 것이다. 웰번은 서구 계몽주의 시대에 불교에 대한 지배적인 태도에 관하여 드 루박(De Lubac)의 다음과 같은 말을 인용한다.

> 불교는 언제나 그저 "매우 사악한 인간"에 의하여 세워진 '기괴한 종교'이자 '혐오스러운 종파'로서 나타난다. 그것은 '역병'이며 '괴저'(壞疽, gangrene)이다. 중국의 철학자들과 정치가들은 그것에 대하여 '우스꽝스러운 교리'로서 뿐만 아니라 '시민사회를 파괴하는 도덕상의 괴물'로서 대적할 만한 근거를 가지고 있었다.9)

이처럼 신랄한 평가 앞에서 여전히 불교는 무신론이라고 정당하게 이야기할 수 있을까? 언어는 상호적인 것이며 상대방이 그 언어로 무엇을 의미하고 있는가를 의식하지 않으면 심각한 오해를 불러일으킬 수밖에 없다.

물론 서구에서도 오늘날 무신론이나 무신론자에 대하여 형언할 수 없는 공포를 느끼는 사람은 거의 없게 되었다. 그러나 서양에서 무신론(atheist 또는 godless)이라는 말은 오늘날에도 흔히 모욕적인 맥락에서 사용된다. 곧 가치중립적인 언어로 자리 잡고 있지 않다.10)

현내의 내표적 종교학사의 한 사람인 윌프레드 캔트웰 스미스 (Wilfred Cantwell Smith, 1916-2000)는 불교가 무신론이라는 인식이 근대 서구에서 비롯되어 전 세계적으로 확산되어온 외면적이고 정태적인 종교 인식에서 비롯되는 그릇된 편견임을 지적한다. 캔트웰 스

---

ntre du bouddhisme et de l'occident (Paris: Aubier, Editions montaigne), pp.86-87.

9) Guy Richard Welbon, op. cit., p.20. De Lubac, op. cit, pp.89-90.

10) "Atheism." *The Encyclopedia of Philosophy* (New York: Macmillan and Free Press, 1967) vol.1, pp.174-188.

미스는 그러한 이해가 편협하고 문자적이며 피상적인 이해에서 비롯되는 것이라고 비판하면서, 그와 달리 신앙인들과의 적극적인 대화 속에서 종교적인 진술들을 신앙인들의 초월적 실재에 대한 통찰과 응답의 표현으로 이해할 때 종교적 신앙에 대한 새로운 이해의 지평이 열린다고 한다.

곧 신앙인들은 종교적 진술들을 정태적으로 받아들이며 맹목적 믿음을 지녀온 것에 불과한 것이 아니라, 초월적 실재에 대한 통찰과 응답을 해오는 과정에서 그러한 진술들을 산출해왔다는 것을 이해해야 한다는 것이다. 그들은 자신들이 체험하는 실재가 자신들의 표현뿐만 아니라 자신들의 체험 그 자체도 상당히 넘어서는 실재라는 것을 거의 망각한 적이 없었다는 사실을 유념해야만 신앙인들의 종교적 진술을 이해하기 시작할 수 있다는 것이다. 역으로 말하자면, 그들은 그 실재가 자신들의 표현은 물론이고 체험과 인식을 초월하기는 하지만 자신들이 전혀 이해하지 못할 정도로 초월하는 것은 아니라는 것을 인식해왔으며, 그러한 인식 가운데 자신들의 삶을 보다 초월적으로 향상시키기 위하여 꾸준하게 노력해왔다는 것을 스미스는 강조한다. 캔트웰 스미스는 이러한 균형 잡힌 시각으로부터 인류의 이러한 신앙 곧 초월적 실재에 대한 통찰과 응답의 차원에서 종교 문헌을 비롯한 종교전통을 이해할 때 그 깊은 의미에 다가갈 수 있게 된다고 역설한다.

캔트웰 스미스는 이러한 신앙에 대한 이해의 일환으로 그리스도교 신앙과 불교 신앙에 대해서도 근대의 문자적 이해를 넘어서 심층적인 이해를 시도한다. 그는 이러한 이해의 과정에서 그리스도교와 불교 모두 초월적 실재에 대한 통찰과 응답으로서 이해될 수 있으며, 그리스도인들은 그 초월적 실재를 '하느님'이라고 불러왔고 불자들은 '다르마'(dharma, 法)라고 불러왔다는 점을 확인하게 되었다고 한다. 곧 불교와 그리스도교가 유신론과 무신론으로 간단하게 구별되는 차이점을 지니는 서로 상이하기만 한 종교가 아니라, 모두 초월적 실재에 대한 통찰과 응답으로서 서로에 대한 심층적 이해를 통해 서로가 풍요로워질 수 있는 관계에 있다는 것이다.

본서에서는 이러한 캔트웰 스미스의 이해가 어떠한 함의를 갖는 것인가를 천착함과 아울러, 그의 이러한 시각을 바탕으로 동북아시아불교에서 핵심적 위치를 갖는 『대승기신론(大乘起信論)』이 어떻게 새롭게 이해될 수 있는가를 고찰해보고자 한다. 이러한 고찰은 스미스의 시각이 남방 상좌부 불교만이 아니라 한국을 포함하는 동북아시아 대승불교에서 어떠한 시사점을 줄 수 있는가를 살펴보는 중요한 계기가 될 것이다.

기존의 대승기신론 연구들은 상당수가 그 인격적 신앙 차원에서의 의미를 이해하려 하기보다는 오히려 그러한 신앙을 배제하거나 도외시하고 분석적으로 연구하는 데에 집중해왔다. 대승기신론의 저자가 누구인가를 따지려 하거나 그 구성요소들의 연원을 밝히는 데 지나치게 집중해온 것이다. 그들은 마치 원저자가 누구인지 그리고 그 구성요소가 되는 원전들이 무엇인지를 알면 대승기신론의 의미를 다 알 수 있는 것처럼 생각하며 역행적(retrogressive) 관점에서 연구를 진행해왔다.

그러나 대승기신론의 원저자나 대승기신론의 구성요소들이 대승기신론이 이루어지는 데 일정 부분 기여했다는 것을 인정하더라도, 불자들에게 중요했던 것은 그들의 신앙의 시선에서 바라보는 대승기신론이었다는 것에 유념할 필요가 있다. 그들은 오늘날의 연구자와 달리 원저자나 그 구성요소가 되는 원전을 사실적으로 확인하는 데에는 그다지 관심이 없었다. 불자들은 대승기신론의 구성요소에 관해서는 어쩌면 오늘날의 역사비평적인 연구자보다 아는 것이 훨씬 적었다고 할 수도 있을지 모른다. 그러나 그렇다고 해서 그들이 오늘날의 연구자보다 대승기신론을 덜 이해하고 있었다거나 그들의 이해가 덜 중요하다고 할 수 있을까?

전통적인 불자들이 대승기신론의 원저자를 알고 있었느냐 혹은 그 구성요소가 되는 원전을 알고 있었느냐에 따라서 그들의 이해가 옳으냐 그르냐를 따지는 것은 너무 피상적인 이해가 아닐까? 그러기보다는 불자들이 대승기신론을 통해서 어떠한 통찰을 이루었는지를 이해하는 것이 더 중요한 것이 아닐까?

캔트웰 스미스는 종교적 문헌들의 의미를 역행적이고 분석적이며 해체적으로 탐구하는 것보다는 그 저자에게 있어서나 독자에게 있어서나 그 자체의 인격적 신앙의 입장에서 이해하는 것이 더욱 정확한 이해일 뿐만 아니라 풍요로운 성과를 가져다준다고 주장한다. 현재는 과거에 의하여 기계적으로 구성되는 종속적 산물이 아닌 것이다. 각 시대는 과거로부터의 영향을 무시하면서는 이해될 수 없는 것이 사실이지만, 또한 무조건적으로 그 이전의 과거에 의하여 그 시대를 이해하려는 시도는 어리석은 오류인 것이다. 그리고 종합이라는 것은 단순히 부분들의 집합이 아닌 것이다. 대승기신론도 그 과거의 구성요소에 의하여 기계적으로 이루어진 것이 아니라, 저자가 그 구성요소들을 창조적으로 재해석하면서 종합하는 가운데 이루어진 저서라고 하는 것이 더 타당하지 않을까? 그리고 그 독자로서의 불자들 또한 각자 자신의 시대의 맥락에서 신앙의 차원에서 계속해서 새롭게 그 내용을 이해하는 가운데 대승기신론은 오늘날까지 그 생명력을 유지해온 것이 아닐까?

본서에서는 이러한 시각에서 스미스의 연구에 기반을 두어 인격적 신앙의 차원에서 대승기신론을 이해하고자 한다. 이러한 본서의 시도는 대승기신론을 통해 불자들의 신앙을 이해하고자 하는 시도이며, 불교가 기존의 편협한 시각과는 달리 초월적 실재에 대한 뚜렷한 신앙을 가진 종교로서 충분히 설득력 있게 이해될 수 있는지 본격적으로 검토하는 하나의 시도이다.

2절 연구의 과정

본서는 이처럼 스미스가 신앙에 대한 참신한 이해하에 그리스도교와 불교를 어떻게 이해하는가 그리고 그러한 시각에서 대승기신론이 어떻게 이해될 수 있는가를 고찰함에 있어서 다음과 같은 과정을 따르고자 한다.

본서의 전체 구성은 1부와 2부로 나누어, 1부에서는 스미스의 초월적 실재에 대한 통찰 및 응답으로서의 신앙에 대한 이해 및 그리스도교와 불교에 대한 이해를 살펴보고, 2부에서는 그러한 검토를 바탕으로 대승기신론에 대한 스미스적 이해를 시도한다.

제1부의 1장에서는 스미스에 있어서의 핵심 범주인 '신앙'에 관하여 고찰한다. 여기에서는 스미스에게서 중점적으로 강조되고 있는 범주인 '신앙'이 기존의 정태적인 종교 인식과 달리 종교를 어떻게 역동적으로 이해하도록 하는가를 살펴본다. 곧, 종교를 인격적 신앙과 그 표현 내지 촉매제로서의 축적적 전통이라는 두 범주로 바라보는 것이 종교를 올바로 이해하는 데 얼마나 긴요한가를 살펴보게 될 것이다. 곧 종교의 자리가 외면적 표현 자체에 있는 것이 아니라 인격적 존재로서의 사람의 신앙 안에 있다는 스미스의 통찰이 종교를 단지 어떤 교리에 대한 믿음이 아니라 실새의 초월성에 대한 주제석 인간의 통찰과 응답으로서 정당하게 자리매김하도록 하는 의의를 갖는다는 것을 이해하게 될 것이다.

2장에서는 스미스가 신앙에 대한 이처럼 역동적인 이해의 일환으로 그리스도교에서의 '신앙'에 대해서 어떻게 새로운 고찰을 하고 있는지를 살펴본다. 여기에서 우리는 스미스가 일반적으로 쉽게 혼용되어 쓰이고 있는 '믿음'과 '신앙'이라는 개념의 차이를 철저하게 규명하면서 '신앙'의 깊이 있는 이해에 도달하는 과정을 살펴보게 된다. 그리고 여기에서 하느님에 대한 인격적인 인식이 의미하는 바에 대해서도 심층적인 이해를 하게 될 것이다. 간단히 말하자면, 스미스는 오늘날 '믿음'이 가리키는 맹목적이거나 회의적인 뉘앙스를 전통적인 그리스도인들은 자신들의 '신앙'에서 전혀 내포하고 있지 않았으며, 인격적인 어떤 실체를 하느님으로 '믿어 왔다'고 하기보다는 초월적 실재를 인격적 하느님이라는 상징을 통하여 인식해왔다고 이해하는 것이 올바른 이해로 다가가는 첫 걸음임을 설득력 있게 논증하고 있다. 사람을 '인격적(personal)'이라고 묘사하는 관행 자체가 초월적 실재에 대한 인식에서 비롯되었다는 스미스의 연구는 하느님에 대한 이해뿐만 아니라 '인격'에 대한 깊이 있는 이해를 가능하게 해준다.

3장에서는 불교에 대한 스미스의 새로운 이해를 살펴본다. 우리는 여기에서 스미스가 기존에 무신론적인 전통으로서 아예 종교인지 아닌지도 의문에 붙여져 오기도 했던 불교를 초월적 실재에 대한 통찰과 응답으로 뚜렷하게 자리매김하고 있음을 보게 될 것이다. 곧 여기에서 우리는 아무런 초월적 실재도 인정하지 않는 것이 불교라는 관점이 얼마나 왜곡되고 편협하며 잘못된 이해인가를 알 수 있게 될 것이다. 오히려 불교가 초월적 실재에 대한 적극적 통찰과 응답을 기반으로 전개되어온 종교라는 것을 우리는 뚜렷이 알 수 있게 될 것이다. 곧 불교에서의 핵심적 가르침 가운데 하나인 고(苦)에 대한 가르침조차도 그저 염세주의적인 절망의 외침이 아니라 초월적 실재에 대한 통찰에서 비롯되는 성찰이라는 것을 이해할 때 불교를 제대로 이해하는 것임을 알게 될 것이다.

제2부에서는 1부에서 스미스의 종교연구에 대한 이해를 바탕으로 대승기신론에 대한 이해를 시도한다. 본서에서는 앞에서도 밝힌 바 있거니와, 캔트웰 스미스의 시각에 따라 대승기신론이 불자들의 인격적 신앙에 있어서 지니는 의미를 탐구하고자 한다. 곧 대승기신론을

통해서 불자들이 어떻게 초월적 실재에 대하여 통찰하고 응답해왔는가를 이해하고자 하는 것이다. 본서에서는 우선적으로는 대승기신론에 대한 원효(元曉)의 주석서인 『대승기신론별기(大乘起信論別記)』와 『기신론소(起信論疏)』를 중점적으로 참조하기로 한다. 원효의 이 저술들은 자체적으로 대승기신론에 대한 대표적 주석서로서 중시되었을 뿐만 아니라 대승기신론에 대한 또 하나의 대표적 주석서인 법장(法藏)의 『대승기신론의기(大乘起信論義記)』에 핵심적인 영향을 미친 저술로서도 높게 평가되고 있다.

이러한 시도를 통해서 우리는 불교가 단순히 우리의 일상적인 마음만을 대상으로 하는 깨달음의 전통이라는 일부의 시각이 매우 왜곡된 시각이라는 것을 뚜렷하게 알게 될 수 있을 것이다. 대승기신론을 기존의 연구자들은 주로 '마음'에 대한 논서로서만 이해해왔으나, 대승기신론은 그저 그런 차원에 머무르는 저술이 아니다. 오히려 '마음'을 초월적 실재에 대한 상징어로 이해할 때 대승기신론을 보다 더 올바르게 이해할 수 있다는 것을 우리는 알 수 있게 될 것이다.

1장에서는 대승기신론의 역사적 맥락 및 구조를 개관하며 그 저술의 취지가 어떠한가를 살핀다. 2장에서는 대승기신론에서 초월적 실재가 어떻게 이해되고 있는가를 살핀다. 3장에서는 대승기신론에서 초월적 실재에 대하여 어떻게 응답해야 하는가를 가르치고 있는지를 살핀다. 이와 같은 논구를 통하여, 우리는 대승기신론이 초월적 실재에 대한 통찰과 응답을 올바로 하도록 하기 위한 저술임을 알게 될 것이고, 그 초월적 실재란 우리를 초월하기는 하지만 우리가 전혀 이해하지 못할 정도로 초월하는 실재는 아니라는 것, 그 실재에 대한 신앙을 통하여 우리는 우리의 우주와 이웃을 참답게 인식해갈 수 있다는 것을 가르치는 것이 대승기신론임을 보게 될 것이다.

요컨대, 스미스의 신앙 및 그리스도교와 불교에 대한 이해를 검토하고 그에 기반을 두어 대승기신론에 대한 이해를 시도해봄으로써,

우리는 그리스도교와 불교가 서로 핵심적으로 공유하는 것이 있으며 그것이 바로 초월적 실재에 대한 통찰과 응답이라는 것을 알게 될 것이다. 그들은 모두 초월적 실재에 대하여 창조적이고도 풍요롭게 통찰해왔고 응답해온 것이다. 이러한 우리의 앎은 불교와 그리스도교가 서로에 대하여 마음을 열고 상호 이해를 통하여 서로 풍요롭게 성숙되는 방향으로 나아가는 데 중요한 한 걸음이 될 수 있을 것이다.

1부

윌프레드 캔트웰 스미스의
그리스도교와 불교 이해

1장 신앙에 대한 월프레드 캔트웰 스미스의 인격적 이해

　우리는 서론에서 유병덕 교수와 히사마쯔 신이찌가 그리스도교와 불교를 유신론과 무신론이라는 관점에서 대립적인 것으로 이해하고 있음을 보았다. 이러한 류의 이해가 전혀 잘못된 것이라고는 할 수 없을 것이다. 분명히 그리스도교에서는 '유신론'을 내세우는 교리를 가지고 있고, 불교에서도 일견 인격적 창조주를 격하시키는 교리를 갖고 있다는 점에서 '무신론'을 내세우는 교리를 가지고 있음을 부인할 수는 없기 때문이다.

　그러나 이러한 교리들을 우리 눈에 비치는 그대로 바라보는 것이 정당한 것일까? 예컨대 천주교(天主敎)는 문자 그대로 하면 천주(天主)를 섬기는 종교라고 할 수 있다. 그런데 불교에서 이 천주(天主)를 불교 내에서의 천주(天主)라는 개념과 단순히 일치시켜서 파악하는 것이 올바른 이해일까? 불교 내에서도 물론 천주는 하찮은 존재는 아니다. 천상계의 제왕으로서 간주되는 존엄한 존재이다. 그러나 불교에서의 천주는 비록 천상의 존재이기는 하지만 윤회에 속박되어 있는 존재에 불과하며 가르침을 받아야 할 어리석은 존재에 불과하다.

　우리는 단순히 단어가 같다는 이유로 피상적인 동일시를 하기가 쉬운 것이 사실이지만, 그러한 동일시는 정당화될 수 없는 것이며 심각하게 경계해야 하는 것이 아닐까? 다시 말해서, 유신론과 무신론이 불교와 그리스도교 내의 신앙인들에게 갖는 의미를 제대로 이해하지 않고서는 그러한 교리가 서로에게 얼마나 차이가 있는 것인지에 대해서 성급하게 이야기하는 것은 무모한 것이 아닐까?

물론 이렇게 천주라는 단어가 불경에 있다고 해서 그 불경에 있는 천주의 의미로 그리스도교에서의 천주를 간단하게 이해하면서 그리스도교를 낮은 수준의 종교로 이해하는 학자는 흔하지 않을 것이다. 예컨대 에드워드 콘즈(Edward Conze)는 『불교-그 핵심과 전개(*Buddhism-its Essence and Development*)』에서 "불교는 무신론인가(Is Buddhism Atheistic?)"라는 제목하에 불교의 무신론 여부에 대한 논의에 앞서서 신이라는 말의 의미를 분명히 할 필요가 있다고 이야기하면서 불교가 무신론이라고 이야기할 때에는 인격적 창조주에 대한 무관심이라는 점에서 이해해야 한다는 것을 강조하고 있다. 곧 그는 "만약 우주의 인격적 창조주에 대한 무관심이 무신론이라면, 불교는 진정 무신론적이다."라고 밝히고 있다.[1] 곧 그는 인격적 창조주라는 측면에서 불교는 무신론적이라고 명시하는 것이다. 그러면서 그는 "그리스도교 사상 가운데에서도 보다 신비적인 전통에서 이해하고 있는 신성(Godhead)의 특질과 열반의 특질을 비교해보면 양자 사이에 거의 아무런 차이도 발견하지 못할 것이다"라고까지 이야기한다.[2] 요컨대 그리스도교에서의 하느님 개념을 취사선택해서 받아들인다면 불교를 유신론적으로 볼 수도 있다는 것이다. 서구에서 계몽주의 시대에 불교를 무신론이라고 비판하던 것에 비하면 상당히 진전된 입장이라고

---

1) Edward Conze, *Buddhism-its Essence and Development* (Oxford: Bruno Cassirer, 1951), p.39.
   『한글세대를 위한 불교』, 한형조 옮김 (서울: 세계사, 1990), p.68.
2) Edward Conze, *Buddhism-its Essence and Development* (Oxford: Bruno Cassirer, 1951), p.39.
   『한글세대를 위한 불교』, 한형조 옮김 (서울: 세계사, 1990), p.69.

할 수 있다.

그러나 이러한 콘즈 류의 입장이 온전히 타당한 것일까를 재차 묻게 되는 것은, 인격적 창조주로서 하느님이 그리스도인들에게 갖는 의미가 무엇인가를 탐구하지 않는 것이 정당하지 않을 수 있기 때문이다. 단지 외형적인 단어가 같다는 것에서 개념적인 일치를 보는 것이 오류이듯이, 그 개념적 외연(denotation)이 같다고 해서 그 함의(connotation)까지 같다고 처리할 수 있을까 하는 문제가 제기되는 것이다. 곧 인격적 창조주라는 개념적 외연이 그리스도인들이나 무슬림들이나 힌두교인들에게 동일한 함의를 갖느냐이다. 더 나아가 그리스도인들 내부에서도 누구에게나 인격적 하느님이 동일한 함의를 갖느냐를 물을 수 있다. 또한 비인격적 실재 개념을 갖고 있는 종교인이 그 비인격적 실재에 대하여 인격적 창조주라는 개념이 갖는 함의를 상당 부분 공유할 수도 있지 않을까?

윌프레드 캔트웰 스미스는 이러한 맥락에서 개념에 대한 단순한 이해에 대한 비판적 성찰을 심화하면서 인격적 신앙을 초점에 놓음으로써 현대의 피상적 종교 이해를 극복하는 길을 추구한다. 인격적 신앙을 포괄적으로는 구체적인 사람의 내적인 종교적 체험 혹은 종교적 참여, 달리 말하사면 그 사람에게 있어서 초월적 실재의 작용이라고 이야기하면서, 스미스는 교리를 포함한 종교의 모든 표현은 인격적 신앙의 산물로서 그 신앙에 있어서만 의미를 지닌다는 것을 강조한다.

캔트웰 스미스의 이러한 신앙 이해는 우리에게 종교를 바라보는 데 있어서 외면적 실체로부터 내면적 마음으로 초점을 철저하게 전환할 것을 요구한다. 본 장에서는 스미스의 신앙 이해가 우리로 하여금 어떻게 종교를 바라보도록 하는지 구체적으로 살펴보고자 한다. 1절에서는 근대 서구의 외면적 종교관에 대한 비판을 살펴본다. 우리는 여기에서 우선 종교를 외면적으로 파악하는 것의 문제점에 대한 스미스의 비판을 살펴본다. 우리는 그러한 외면적 인식이 얼마나 실재로부터 소외된 이해인가를 알게 될 것이다. 2절에서는 축적적 전통과 인격적 신앙이라는 스미스의 기본적인 종교 이해 범주를 살펴본다. 우리는 여기에서 살아 있는 종교의 의미를 이해하기 위해서는 인격적 신앙의 관점에서 종교를 바라보아야 하며, 이러한 시각에서 축적적 전통과 인격적 신앙의 두 범주로 종교를 바라보는 것이 실로 합리적인 대안임을 보게 될 것이다. 곧 믿음체계만으로 종교를 바라보지 않고 인격적 신앙의 맥락에서 종교전통을 축적적 전통으로 바라보는 것이 정당한 태도임을 알게 될 것이다. 종교는 인간의 신앙 곧 초월적 실재에 대한 통찰과 응답의 표현으로서 축적적 전통으로 이해할 때에 올바르게 이해할 수 있다는 것을 알게 될 것이다.

그리고 3절부터 5절까지는 이러한 고찰을 바탕으로 스미스가 신앙의 특성으로서 거론하는 내용들을 살펴본다. 3절에서는 신앙의 보편성, 4절에서는 역사적 다양성, 5절에서는 신앙의 초월성을 살펴본다. 이처럼 보편성과 역사적 다양성의 차원에서 신앙을 바라볼 때 스미스는 신앙을 초월적 실재에 대한 통찰이자 응답으로서 이해할 수 있게 된다고 주장한다. 우리는 신앙에 대한 스미스의 이러한 이해를 통해서, 어느 종교든 그 신앙 곧 초월적 실재에 대한 통찰과 응답의 차원에서 그 전통을 이해할 때 정당하게 이해할 수 있다는 것을 알게 될 것이다.

1절 근대 서구의 외면적 종교관에 대한 비판

"어떤 종교를 믿습니까?"라는 질문은 필자를 비롯해서 종교학 전공자들이 강의를 할 때 자주 접하게 되는 질문 가운데 하나이다. 이러한 질문에는 종교를 객관적 실체로 간주하는 관점이 전제되어 있다. 종교 자체가 어떤 가치를 갖고 있는 믿음의 대상이라는 관점이다. 그리고 대개 여기에서의 종교는 믿음의 체계 곧 교리체계를 의미하는 경우가 대부분이다. 우리는 서론에서 유병덕 교수가 그리스도교와 불교의 차이를 교리체계에서 유신론과 무신론으로 바라보는 것을 살펴보았다. 이러한 유병덕 교수의 관점도 교리체계 자체가 어떠한 내용을 갖고 있다는 시각이 전제되어 있다. 사실 우리들은 대부분 우리가 품고 있는 관념과 그 관념이 가리키는 실재 자체를 혼동하는 경향을 쉽게 벗어나기 어렵다는 것을 인정해야 할지 모른다.

그러나 스미스는 이러한 관점이 서구에서 근대에 강력하게 형성된 입장에 불과하며 논리적으로도 오류라고 지적한다. 서구를 비롯한 인류의 대부분의 역사에서 종교는 어떤 외면적인 실체라기보다는 초월적 실재에 대한 외경의 태도에서 이해되어 왔으며, 인간의 그러한 신앙적 태도를 떠나서는 도대체 종교적 현상을 이해하는 것 자체가 어불성설이라고 스미스는 주장한다.

스미스는 자신의 주요한 저서 가운데 하나인 『종교의 의미와 목적』(*The Meaning and End of Religion: A New Approach to the Religious Tradition of Mankind*)[3])에서 이처럼 서구에서 종교가 물상화(物像化 reification)되어 이해되는 과정을 고대 로마 시대로부터 근대에 이르기까지 치밀하게 추적하고 있다. 그는 종교(religion)라는 말이 원래 로마에서는 '인간 밖에 존재하는 힘으로서 무서운 보복의 고통을 주는 위협하에 인간으로 하여금 어떤 행위를 의무적으로 하게 하는 일종의 타부(taboo)와 같은 힘'[4])에 대한 체험을 중심으로 사용되었으며,

---

3) Wilfred Cantwell Smith, *The Meaning and End of Religion: A New Approach to the Religious Tradition of Mankind* (New York: Macmillan, 1963)

4) Wilfred Cantwell Smith, *The Meaning and End of Religion: A New Approach to the Religious Tradition of Mankind* (New York: Macmillan, 1963), p.20. 길희성 역, 『종교의 의미와 목적』(왜관: 분도출판사, 1991), p.44.

그리스도교 시대가 되면서 16세기의 종교개혁가 칼빈에 이르기까지 하느님에 대한 경건성을 가리키는 의미를 중심으로 사용되어 왔음을 구체적으로 밝힌다. 이처럼 서구에서 대부분의 역사에 있어서 경건한 체험을 중심으로 사용되어오던 종교라는 말은 주지주의적 계몽주의 시대 곧 17세기에 이르러 교리와 행위의 외면적 체계를 가리키는 방향으로 전환되어 사용되기 시작한다. 그리고 18세기 중엽쯤에는 유럽인들의 의식 속에 깊이 뿌리박히게 되었다고 스미스는 지적한다. 그리고 오늘날에는 유럽인들만이 아니라 아시아의 한국에서도 '어떤 종교를 믿습니까?'라는 질문이 스스럼없이 오고가는 것이다. 요컨대, 서구의 역사에 있어서 종교라는 말이 교리체계를 가리키기 시작하게 된 것은 최근 몇 세기에 한정되는 일인 것이다.[5] 그리고 그러한 서구의 풍조를 무비판적으로 받아들이면서 비서구권에서도 종교에 대한 물상화된 이해가 확산되어온 것이다.

종교에 대한 물상화된 이해는 이처럼 역사적으로 다소 예외적인 현상일 뿐만 아니라 살아 있는 종교를 크게 왜곡된 시각으로 바라보게 한다는 데에 더 심각한 문제가 있다. 예컨대 스미스는 현대 이슬람 세계의 근본적인 비극도 무슬림들이 하느님에게 충성을 바치는 대신 이슬람이라 부르는 어떤 것이 실체가 있다고 간주하며 거기에 충성을 바치고자 하는 정도가 심하다는 데 그 원인이 있다는 점을 지적하고 있다.[6] 외부자들만이 아니라 내부자들마저 원래의 초월적 실재에 대한 통찰을 잃어버리고 자신들이 만들어놓은 산물들을 우상숭배 하듯이 숭

---

5) Wilfred Cantwell Smith, *The Meaning and End of Religion: A New Approach to the Religious Tradition of Mankind* (New York: Macmillan, 1963), p.15-50. 길희성 역, 『종교의 의미와 목적』(왜관: 분도출판사, 1991), pp.39-81.

6) Wilfred Cantwell Smith, *The Meaning and End of Religion: A New Approach to the Religious Tradition of Mankind* (New York: Macmillan, 1963), p.126. 길희성 역, 『종교의 의미와 목적』(왜관: 분도출판사, 1991), p.175. Wilfred Cantwell Smith, *Islam in Modern History* (Princeton: Princeton University Press, 1957).

배하게 된 데에 무슬림을 비롯한 근대 종교인들의 비극이 있는 것이다. 마치 달을 가리키는 손가락의 비유에서 손가락이 가리키는 달을 바라보는 것이 아니라 손가락 자체를 숭배하게 되는 오류에 빠지는 것과 같다고 할 수 있다. 손가락 자체가 어떤 종교적 실체로서 존재한다는 것은 근대에 예외적으로 형성된 왜곡된 관점이라는 것이다. 이러한 맥락에서 스미스는 종교에 대한 시각의 전환이 심각하게 요청되며 그것은 신앙에 대한 새로운 이해로부터 비롯된다고 주장한다.

> 신앙은 깊은 개인 인격체적인 것이며 역동적이고 궁극적인 것으로서 고뇌나 탈아적 상태, 혹은 지적 양심이나 단순히 일상적인 가사들 속에서 한 인간을 온 우주의 하느님과 연결시켜주며 또 그의 고통받는 이웃과 연결시켜주는 직접적인 만남이다. 즉, 그 이웃이 자신의 제도화된 종교 공동체 밖의 존재라 하더라도 개의치 않고 인격체들을 인격체들로서 연결시켜주는 만남인 것이다. 그러므로 신앙이 생동적인 사람은 추상적 개념에 대해서 별로 관심이 있을 수 없고 제도에 대해서는 기껏해야 부차적 관심만을 지닐 뿐이다.7)

여기에서 유신론자가 아닌 독자들은 '하느님'이라는 단어에 껄끄러움을 느낄지도 모르겠지만, 스미스가 그 개념을 매우 폭넓게 쓰고 있으며 각자 자기 종교에서 사용하는 궁극적 개념으로 대치해서 읽어도 좋다고 밝히고 있다는 점을 유의한다면 그다지 부담 없이 받아들일 수 있을 것이다. 곧 스미스는 우주의 초월적 혹은 궁극적 실재와 연결시켜주며 자신의 낯선 주변 사람들과도 인격적 친교를 나눌 수 있게 하는 체험으로서 신앙에 초점을 맞추어 종교를 이해할 때 종교를 올바르게 이해할 수 있다고 말하고 있는 것이다. '초월적'이라는 말에

---

7) Wilfred Cantwell Smith, *The Meaning and End of Religion: A New Approach to the Religious Tradition of Mankind* (New York: Macmillan, 1963), p.127. 길희성 역, 『종교의 의미와 목적』(왜관: 분도출판사, 1991), p.176.

있어서도 스미스는 매우 폭넓은 의미에서 사용하고 있다. 내면적인 것이든 외부적인 것이든 우리가 그저 육안으로 바라보는 것 이상을 바라보게 하는 것이라면 초월적이라고 일컬어질 수 있다고 스미스는 밝히고 있다.8) 스미스는 이러한 신앙에 초점을 두어 종교를 인격적 신앙과 축적적 전통이라는 두 범주로 이해할 것을 제안한다. 그렇게 함으로써 종교에 대한 역동적 이해가 가능하다는 것이다.

2절 인격적 신앙과 축적적 전통

스미스가 종교를 이해하는 데 있어서 인격적 신앙과 축적적 전통의 두 범주를 제안하는 것의 핵심은 살아 있는 종교를 이해하자는 데 초점이 있다. 그는 이 두 개념에 관하여 다음과 같이 설명한다.

'신앙'이라는 말로써 나는 개인 인격체적 신앙을 뜻한다……우선은 그 말을 한 특정한 인격체의 내적인 종교적 체험이나 개입을 뜻하는 말로서 이해하면 된다. 즉, 사실이든 혹은 관념뿐이든, 초월적인 것이 그에게 미치는 영향을 의미하는 것이다. '축적적 전통'이란 연구 대상이 되는 공동체의 과거 종교적 삶의 역사적 축적물을 구성하는 외적·객관적 자료의 전체 덩어리를 의미하는 것으로서 사원, 경전, 신학적 체계, 춤의 양식, 법적 혹은 그 밖의 사회제도, 관습, 도덕적 규범, 신화 등을 가리킨다. 즉, 한 인격체나 한 세대로부터 다른 인격체와 다른 세대로 전수되는 것으로서, 역사가가 관찰할 수 있는 모든 것을 의미한다.9)

---

8) Wilfred Cantwell Smith, *Faith and Belief* (Princeton: Princeton University Press, 1979), p.193 note 14.
9) Wilfred Cantwell Smith, *The Meaning and End of Religion: A New Approach to the*

간단하게 말한다면, 스미스는 기존에 종교라고 불렀던 것을 축적적 전통으로서 그 위치를 잡아주면서 인격적 신앙의 시각에서 그 의미를 연구해야 한다고 주장하고 있는 것이다. '축적적'이라는 말을 전통 앞에 붙이는 것은 각 신앙인들의 주체적 체험을 강조하는 것이다. 전통은 그냥 답습되는 것이 아니라 세대에서 세대로 전해지면서 각 세대의 창조적 신앙인들의 업적에 의하여 계속해서 축적되는 것이라는 점을 강조하는 것이다. 이러한 스미스의 제안을 깊이 있게 이해하는 데에는 전통의 의미를 사람들이 수용하는 과정에 대하여 그가 어떻게 이해하고 있는가를 살펴볼 필요가 있다.

우리는 가장 초보적인 단계에서부터 시작할 수 있다. 곧 어떤 전통이 종교적 전통인지 아닌지 어떻게 아는가? 예컨대 어떤 건물이 있을 때 그 건물이 종교적 건물인지 아닌지 어떻게 아는가? 너무나도 당연한 이야기이지만, 그 건물을 종교적으로 이용하고 있는 사람들이 없이는 그러한 인식은 처음부터 불가능한 것이다. 어떠한 전통이 종교적 전통으로 살아 있는 것은 그 전통을 종교적으로 전수하는 사람들이 있기에 가능하다는 것에 스미스는 철저한 주의를 기울인다.[10] 곧, 우리가 어떤 종교전통을 이해한다는 것은 그 전통 자체를 이해하는 것이라기보다는 그 전통에 대한 그 신앙인들의 수용태도를 이해하는 것이다.

이것을 종교적 텍스트에도 적용할 수가 있다. 어떤 텍스트가 종교적인 텍스트로 되는 것은 그 종교인들이 그 텍스트에서 종교적인 의미를 읽어내기 때문인 것이다. 혹자는 그 텍스트 자체에 종교적인 의미가 있다고 반문할지 모른다. 그러나 스미스는 텍스트를 포함해서

Religious Tradition of Mankind (New York: Macmillan, 1963), p.156-157. 길희성 역, 『종교의 의미와 목적』(왜관: 분도출판사, 1991) p.212.

10) Wilfred Cantwell Smith, "Objectivity and the Humane Sciences: A New Proposal," Modern Culture from a Comparative Perspective, ed. John W. Burbidge (New York: State University of New York Press, 1997), pp.126-132.

이 세상의 어떠한 것도 인간을 떠나서 그 자체로 종교적인 것은 없다는 것을 역설한다. 인간과의 관계하에서 인간에게 종교적인 의미를 지니는 것이며, 그 인간은 또한 시대에 따라서 상황에 따라서 어떠한 대상으로부터 종교적 의미를 읽어내는 데 있어서 매우 풍부한 다양성을 보여 왔다는 것에 스미스는 주목한다. 이러한 스미스의 주장은 텍스트의 부분에 있어서 그의 언어관과 연결되어 이해할 필요가 있다.

> 언어는 매혹적이고 경이로운 인간적 특성이며, 그것에 의해서 한 사람의 지성과 감성 안에서 진행되고 있는 것이 부분적으로 하나의 혹은 여럿의 다른 사람들의 지성과 감성 안에 공유될 수 있는 것이고, 그것에 의해서 아무리 사소하더라도(그럼에도 불구하고 그것은 심지어 최상의 것이 될 수 있다) 어느 정도의 공동체가 그들 사이에 성립되는 것이다.11)

스미스는 우선 언어가 소통의 능력을 지녔다는 것을 인정한다. 그러나 그 소통이 기계적이거나 아무런 변화가 없이 이루어지는 것이 아님을 유의해야 한다.

> 그것은 장엄한 특성이고 항상 인상적이면서도, 하나의 도구로서 그것은 항상 적어도 약간은 불완전하다. 청자나 독자에게 전달되는 것은 화자나 필자에 의해서 의도되는 것에 충분히 가까워서 우리는 경외심을 갖게 되고 감사해 마땅하지만, 그것들은 원칙적으로 결코 정확히 동일한 것은 아니며, 특히 중요하거나 미묘하거나 심각한 문제에 있어서는 동일하지 않다.12)

스미스는 여기에서 언어가 매우 인상적인 것이면서도 그 불완전함을 간과하지 말 것을 충고한다. 특히 중요하거나 심각한 문제에 있어서 언어가 발화자와 청취자 사이에 동일한 의미를 소유하도록 하지

---

11) Wilfred Cantwell Smith, *What is Scripture?* (London: SCM Press Ltd, 1993), pp.86-87.
12) Wilfred Cantwell Smith, *What is Scripture?* (London: SCM Press Ltd, 1993), p.87.

않는다는 것은 스미스가 종교적 전통을 이해하는 데 있어서 핵심적 요소의 하나이다. 비단 외부자만이 아니라 내부자들도 서로 의사소통을 함에 있어서 특히 중요한 의사소통에 있어서 서로 간에 다양성이 생길 수밖에 없다는 것이다. 이러한 면에서 우리는 스미스의 다음과 같은 말을 귀담아들을 필요가 있다.

> 모든 언어는 불완전하며, 독자(혹은 청자)는 이야기되는 것을 이해하는 데 있어서 언제나 저자(혹은 발화자)가 의미하는 것에서 일정 부분을 빠트리고 독자(혹은 청자)가 가정하거나 부여하는 어떤 것을 덧붙이는 방식으로 이해한다고 오르테가 이 가세트(Ortega y Gasset)는 사려 깊게 주장하였다. 나는 이 주장에 동의하며, 그럼에도 불구하고 인간 상황의 이러한 특성에 대하여 낙담스러워 할 필요가 없다고 생각한다. 우리는 문어와 구어가 사람들 사이의 의사소통에 있어서, 사람들 사이에 공동체를 구축하는 데 있어서 얼마나 많이 성공하고 있는가에 대해서, 그러한 성공이 흠 없이 이루어진다고 불만스러워하는 것보다는, 경탄하는 것이 더 바람직하다.13)

스미스는 언어의 불완전함을 불행하고 통탄스러운 결함이 아니라 그러한 불완전함을 통해서 공동체가 이루어진다는 것에 대하여 경탄해야 하다고 주장하고 있는 것이다. 여기에 축적직 전통의 의미를 풍요롭게 발견해내는 스미스의 탁월함이 있다. 어떤 종교전통에서건 시간적 차이에 의해서 혹은 지역적 차이에 의해서 어느 두 사람 사이에도 다양성이 있을 수밖에 없다는 것이 스미스의 통찰인 것이다. 심지어는 한 사람 내에서도 하루 동안에도 아침때와 점심때에 그의 종교적 태도는 다양성을 보이고 있는 것이다. 그리고 그런 점에 주목해야만 우리는 인간의 종교성을 이해할 수 있는 것이다. 그리고 그것은

---

13) Wilfred Cantwell Smith, "On Mistranslated Booktitles," *Modern Culture from a Comparative Perspective*, ed. John W. Burbidge (New York: State University of New York Press, 1997), p.51.

불행이 아니라 어쩌면 축복으로 여겨야 하는 것이다. 우리는 하나의 정확한 의미가 아니라 풍요로운 의미를 발견하게 되는 것이다. 하나의 정확한 의미에 대하여 틀리게 이해하는 사람과 바르게 이해하는 사람을 보게 되는 것이 아니라, 어떤 초월적 실재에 대하여 다양하고 풍요롭게 이해하고 있는 수많은 신앙인들을 진지하게 이해하게 되는 길을 스미스는 우리에게 제안하고 있는 것이다.

이처럼 의사소통에 있어서 다양성이 야기되는 것에 관하여 어떻게 이해할 것인가에 관하여 스미스는 다음과 같이 말한다.

> 어떤 사람에게든, 어떤 어구나 문장이나 문헌은 고사하고, 어떤 용어나 개념의 의미는 그 사람의 전체적 경험과 세계관 안에 통합되어 있고, 선호적으로 통합되어 있어서 그것의 일부이거나 일부로 되기 때문에, 그 의미는(어떤 특수한 경우에서는 그 차이가 아주 작아서 실질적으로 심지어 무시될 수 있을 지라도) 어느 두 사람 사이에서건 어느 두 세기 사이에서건(그리고 여기에서 그 차이는 아주 심각할 수 있다.) 어느 두 지역에서건 결코 정확히 동일할 수는 없다.[14]

곧 각 사람은 자신의 전체적 경험과 세계관이 서로 다를 수밖에 없고 그 영향하에서 텍스트를 이해할 수밖에 없다는 점에서 텍스트에 대한 이해는 다양할 수밖에 없는 것이다. 여기에서 스미스는 저자의 의미만을 텍스트의 의미로 인정해야 한다고 하는 주장이 서구 근대 개인주의의 흥기 때문이라고 논박하면서 저자의 의미와 아울러 독자가 파악하는 의미도 당당하게 하나의 의미로서 간주되어야 한다고 주장한다. 특히 종교전통은 그 전통을 수용하고 유지해온 사람들에게서 그 의미를 찾아야 한다는 점에서 저자의 의미에 못지않게 독자의 의미가 중요하다고 스미스는 주장한다.[15] 특히 외부의 연구자들이 특정

---

14) Wilfred Cantwell Smith, *What is Scripture?* (London: SCM Press Ltd, 1993), p.87.
15) Wilfred Cantwell Smith, *What is Scripture?* (London: SCM Press Ltd, 1993), p.89.

텍스트의 원저자의 의미를 밝힌다고 하면서 그 텍스트를 종교적 경전으로 간직해온 전통의 신앙인들이 모두 그 원래의 의미를 틀리게 이해해왔다고 주장하는 것은 지나친 월권에 불과한 것이다.

요컨대 스미스는 인류사에 있어서 종교를 신앙인들이 전통을 축적해온 과정으로서, 경전적 전통에 있어서는 텍스트에 대한 이해를 축적해온 과정으로서 이해하는 것이 바람직하다는 것을 강조하고 있는 것이다.

여기에서 신앙은 단순히 텍스트에 대한 이해에 그치는 것이 아님을 유의할 필요가 있다. 스미스는 다음과 같이 말한다.

> 각 사람의 신앙은 그 자신의 것이며, 부분적으로는 자유로운 것이며, 그 사람의 개인 인격체 속에서 그가 대면하게 되는 전통을 비롯한 그 외의 내·외적인 속된 환경과 초월적인 것이 상호 작용하여 생기는 결과인 것이다. 한 인간의 신앙은 전통이 그에게 지니고 있는 의미이다. 그러나 한 걸음 더 나아가서 그의 신앙은 이 전통의 빛 아래서 우주가 그에게 지니고 있는 의미이다.16)

다시 말해서, 우리가 어떤 시대의 신앙인을 이해할 때 그 사람이 어떤 텍스트에 대해서 정확하게 원저자의 의미를 읽어냈는가에 주안점을 두기보다는 그가 그 텍스트의 빛 아래에서 초월적인 실재와 어떻게 대면하였는가 혹은 자신의 우주의 의미를 어떻게 파악하였는가에 초점을 두어야 한다고 스미스는 주장하는 것이다. 우리가 이해하고자 하는 것은 텍스트 자체가 아니라 그 사람들이 이해하는 텍스트인 것이다. 아니 그 사람들이 그 텍스트를 통해서 어떤 우주를 바라보았는가이다. 이것을 다시 달을 가리키는 손가락에 비유한다면, 우리

---

16) Wilfred Cantwell Smith, *The Meaning and End of Religion: A New Approach to the Religious Tradition of Mankind* (New York: Macmillan, 1963), p.159. 길희성 역, 『종교의 의미와 목적』(왜관: 분도출판사, 1991), pp.214-215.

가 바라보아야 하는 것은 달 곧 손가락이라는 상징을 통해서 표현되는 초월적 실재이며, 또한 그 초월적 실재를 통하여 그 사람이 우주와 인생의 의미를 어떻게 파악하며 살았는가를 이해해야 하는 것이다. 이러한 모든 맥락을 무시한 채 손가락만을 바라보거나 초월적 실재 자체만을 찾으려고 한다면 우리가 종교적으로 이해할 수 있는 것은 거의 없다고 해도 과언이 아닌 것이다. 예컨대, 미국과 러시아의 우주비행사가 달에 착륙해서 소감을 말하는 데 있어서 미국의 우주비행사가 하느님의 섭리를 본 반면에 소련의 우주비행사는 유물론적 우주를 바라보았다는 이야기는 사람들 사이에 널리 회자되는 이야기이다. 여기에서 그 두 사람의 말의 진위를 캐기 위해서 그 두 사람을 배제하고 우주 자체를 연구한다고 하는 것은 이러한 스미스의 맥락에서 볼 때 어불성설인 것이다. 우리에게 보다 중요한 과제는 그 두 사람이 우주를 바라보는 가운데 그 사람들의 마음속에서 무엇이 일어나고 있는가를 이해해야 한다는 것이다.

요컨대, 스미스는 인격적 신앙이 역사를 통하여 계속해서 변화를 겪어 왔음에 유의하면서 종교의 온갖 표현을 단순한 전통이 아니라 축적적 전통으로 이해할 것을 역설한다. 종교적 전통은 여러 시대를 지나면서 각 시대의 신앙인들의 새로운 체험에 의해서 그 의미가 축적되어 왔다는 것이다.

스미스는 이러한 시각에서 인류의 종교적 신앙에 대하여 그 보편성 및 역사적 다양성과 초월성을 인식하는 가운데, 어디에서나 인간이 되는 길로서 신앙이 이야기되어 왔음을 역설한다. 다음 절부터는 이러한 특성들을 간략하게 살펴보기로 한다.

3절 초월적 실재에 대한
통찰과 응답으로서의 신앙

이처럼 보편성과 역사적 다양성을 공정하게 인식하는 가운데 스미스가 인류의 신앙에 대하여 적극적으로 주장하고자 하는 바는, 근대 서구의 일부 예외를 제외한다면, 초월적 실재에 대한 통찰(insight)과 응답으로서 신앙을 이해하는 것이 정당한 이해라는 것이다. 스미스는 이러한 자신의 이해를 천명함에 있어서, 지성적 차원에서 기원후 두 번째 천년기의 초기에 지상에서 신앙의 대변자들이었으며 거의 동시대의 지성인들이라고 할 수 있는 다섯 명의 인물, 곧 그리스도교 전통에서 성(聖) 빅토르의 후고(Hugo of St. Victor, 대략 1096-1141), 유대 전통에서 유다 하 레비(Judah ha-Levi, 대략 1080-1141), 무슬림 전통에서 알 가잘리(Al Ghazzali, 1058-1111), 힌두 전통에서 라마누자(Ramanuja, 1017-1137?), 유교 전통에서 주희(朱熹, 1130-1200)를 예로 들어 설명해나간다.[17] 인류사의 대표적 인물들을 통하여 신앙이 단순히 교리 체계에 대한 믿음이 아니라 초월적 실재에 대한 통찰이자 응답이라는 것을 뚜렷이 밝히고자 하는 시도라고 하겠다.

1) 초월적 실재에 대한 통찰로서의 신앙

스미스가 이 다섯 지성인들의 공통점으로 먼저 지적하는 것은 그 다섯 지성인들의 통찰(insight)이 초월에 대한 인식이라는 점이다. 스미스

---

17) Wilfred Cantwell Smith, *Faith and Belief* (Princeton: Princeton University Press, 1979), pp.158-159.

는 여기에서 '초월'(transcendence)이라는 말로 자신이 의미하는 바를
다음과 같이 이야기한다.

> '초월'(transcendence)이라는 말로 내가 명백히 의미하는 것은 직접적으
> 로 세속적인 것을 초월하는 실재(reality)이다. 실제적으로 중요한 부분에
> 있어서 내가 의미하는 것은, 후고와 여타의 그리스도인 저술가들, 유다 하
> 레비와 여타의 유대인 저술가들, 알 가잘리와 여타의 무슬림들, 라마누자
> 와 여타의 힌두인들, 주희와 여타의 동아시아인들로부터 도움을 받으면서
> 보게 된 그 실재(reality)이니, 내가 그들의 저술들을 통하여 그들이 보았
> 다고 확인할 수 있는 그 초월적 실재(the transcendent reality)이다.[18]

곧 스미스는 여기에서 자신이 '초월'이라는 말로 의미하는 바가 '직
접적으로 세속적인 것'을 초월하는 실재(reality)이며, 막연히 추상적인
초월적 실재가 아니라 인류의 다양한 축적적 전통을 통하여 통찰되어
온 초월적 실재(the transcendent reality)라는 것을 뚜렷이 이야기하고
있다고 하겠다. 스미스는 또한 그의 주요 저서 가운데 하나인 『지구
촌의 신앙』(Patterns of Faith Around the World)에서 자신이 초월이
라는 말을 자주 사용하는 이유를 다음과 같이 말하고 있다.

> 이 책의 몇몇 독자는 인격신론자일 것이고 또 다른 몇몇은 그렇지 않
> 을 것이다. 인격신론자들에게 있어서 궁극적 실재(ultimate reality)는 "하느
> 님"이라는 개념으로 집약되며, '신앙' 개념은 그 신앙의 원천으로서 그 신
> 앙을 유지해주고 보상해주며 그 밖의 많은 것을 해주시는 하느님에 대한
> 인간적 응답이자 관계를 의미하는 것으로 인식될 수 있다……

---

18) ibid., p.161. 각별히 중요한 부분이므로 스미스의 원문을 제시한다.
By "transcendence" I mean formally a reality that transcends the immediate mundane.
Substantially, in significant part I mean that reality that Hugh and other Muslims,
Ramanuja and other Hindus, Chu Hsi and other East Asians, have helped me to see:
the transcendent reality that, so far as I through their writings am able to ascertain,
they saw.

비인격신론자들-특히 남방불자들, 그리고 몇몇 측면에 있어서는 서양의 언어로 주요한 사색을 하지 않는 대다수의 아시아인들과 여타의 사람들, 그리고 몇몇 세속주의자들-에게 있어서도 궁극적 실재(ultimate reality)는 일반적으로 초월적인(transcendent) 것으로 인식된다.(이 '초월적'이라는 단어는 내가 자주 쓰는데 왜냐하면 이 단어가 양쪽 그룹 모두에게 적용되기 때문이다.)[19]

곧 스미스는 인격신론자들과 비인격신론자들 모두에게 있어서 궁극적 실재(ultimate reality)를 지칭하는 어휘로서 통용될 수 있다는 점에서 자신이 '초월'이라는 말을 애용하고 있음을 뚜렷이 이야기하고 있는 것이다.

스미스는 초월적 실재에 대한 이러한 파악에 있어서만이 아니라 그러한 초월적 실재가 인간적 삶에서 지니는 지고의 중요성을 파악하는 데 있어서도 우리의 다섯 지성인들이 모두 동의하였음을 힘주어 말한다.[20]

스미스는 또한 그들의 통찰이 세속적 세계만이 아니라 그들 자신의 이해를 단연 초월하는 실재에 대한 통찰이었음을 뚜렷이 이야기한다. 그들은 자신들이 그 실재에 관하여 말할 수 있는 그 어떤 것도 그 실재의 전체 진리에는 상당히 못 미친다고 하는 데 있어서 모두 동의하였다는 것이다.[21] 그러나 여기에서의 초월이 인간이 결코 닿을 수 없는 절대적 초월인 것은 아니라는 점을 유의해야 한다. 스미스는 이 점을 다음과 같이 뚜렷이 이야기한다.

그들이 또한 각자의 고유한 방식으로 확언한 것은, 자신들이 인식한 초월적 진리가 전혀 닿을 수 없다거나 전혀 지성적으로 알 수 없다거나 하

---

19) Wilfred Cantwell Smith, *Patterns of Faith around the World*, (Oxford: Oneworld, 1998), pp.15-16.

20) ibid., pp.161.

21) ibid., pp.160-161.

는 의미에서 전적으로 초월적인 것은 아니라는 점이었다. 반대로 그들은 자신들이 그 초월적 진리에 대한 통찰을 할 수 있게 된 것에 대하여 온전히 겸손하면서도 기쁨에 찬 감사 속에 확언하고 있는바, 그들은 아무리 부분적이라고 하더라도 다른 사람들과 나눌 수 있고 나누는 것이 중요하다고 느껴지는 중대한 진리를 인식하였다. 그리하여 그들의 저술이 있게 된 것이다.[22]

그 다섯 지성인들은 모두 실재가 초월적이라는 것을 인식함과 아울러 그 초월적 실재에 관한 진리에 인간이 부분적으로나마 닿을 수 있고 다른 사람들과 나눌 수 있으며 나누는 것이 중요하다는 것을 깨달은 것이다. 이러한 점에서 스미스는 그들의 통찰을 무시할지도 모르는 현대의 연구자에 대하여 다음과 같은 경고를 아끼지 않는다.

> 신앙이 통찰인 한에 있어서, 이들과 같은 사람들이 아무리 부분적이라고 하더라도 인간의 삶과 우주에 관하여 중요한 것으로서 알고 발견한 것이 무엇인가를 어떤 현대의 학자가 인식하지 못한다면, 그 학자는 무식하거나 어리석은 학자라고 감연히 제언할 수 있을 것이다.[23]

요컨대, 스미스는 이 다섯 지성인들이 진리의 초월성을 인식하고 겸손한 태도를 보이는 것에 유의함과 아울러 그들이 통찰해낸 것에 대해서도 간과하지 않고 있는 것이다.

이러한 통찰은 또한 인격적 앎의 과정이라는 점에 스미스는 주목한다. 그는 다음과 같이 말한다.

> '이해(understanding)', '통찰(insight)', '핵심의 파악(seeing the point)', '자각(awareness)', '인식(recognizing)' 등과 같은 개념들의 현대적 어법에

---

22) ibid., p.161.
23) ibid., p.161-162.

서 현저한 장점 가운데 하나는, 현대세계에서조차도 이 개념들이 여전히 비인격화되지 않았다는 점이다. 오로지 인격적 존재만이 이해할 수 있으며, 혹은 인식할 수 있다. 통찰과 핵심의 파악은 한 인격적 존재의-혹은 일군의 인격적 존재들의-머리(혹은 영성) 안에서 일어난다. 이 모든 인격적 자질들은 외면적으로 실증적으로-예컨대 문어나 구어의 문장들을 통하여-표현될 수 있지만, 우리는 그러한 문장들이 그 자체로 그 개념들에 의하여 우선적으로 지칭되는 바를 구성하지는 못하며 다소 적당한 정도로만 공표하는 데 성공할 수 있다는 사실을 여전히 놓치지 않고 있다. 나 자신의 입장은 진리와 앎의 처소 또한 인격적 존재들이라는 것이다. 어느 경우에든 아직도 이해와 통찰 등에 있어서 이 점은 여전히 명백하며, 이러한 개념들의 도움으로 우리는 인간적 맥락에서의 사색을 회복하는 방향으로 나아갈 수 있다.24)

곧 스미스가 신앙을 통찰로 보는 데에는 통찰의 인격적 자질로서의 속성이 중요한 의미를 지니는 것이다. 앎이 인격적 자질에 속한다는 것은 이미 스미스에 의하여 종교적 신앙 전통의 하나로 인정되는 서양 철학에서, 그 초석을 놓았다고 할 수 있는 플라톤에서부터 뚜렷하다. 플라톤은 그의 한 서간에서 다음과 같이 말한다.

　……이것[철학의 원리]은 다른 학문에서처럼 단어들로 고정될 수는 없다. 이것에 대한 숙지는 그 주제 자체에 관한 가르침에 대한 오랜 기간의 주의와 긴밀한 친교 후에야 다가올 수 있는 것이니, 그런 연후에 튀어 오르는 불꽃에 의하여 불붙는 불길처럼 그 사람의 영혼 안에 갑자기 그 앎은 생성되고 곧 스스로 지탱되어가는 것이다.25)

이처럼 인격적 자질로서의 앎을 강조하는 전통은 토마스 아퀴나스

---

24) ibid., p.148.

25) Plato, *The Collected Dialogues of Plato, Including the Letters*. Contributors: Huntington Cairns-editor, Edith Hamilton-editor, (New York: Pantheon Books, 1961), p.1589.

에게도 뚜렷하게 이어진다. 아퀴나스의 저명한 연구자 중의 한 명인 케네스 슈미츠(Kenneth L. Schmitz)는 다음과 같이 말한다.

> ……위대한 가르침은－단지 훌륭한 가르침과 구분되는 것으로서－제자 가 스승의 내면에서 불꽃이 일어나 자기 자신의 가슴과 삶에 불꽃을 점화 하는 것을 느낄 때 이루어진다. 여기에서 우리는 역사에 대한 토마스 아 퀴나스의 진정한 기여를 발견한다.[26]

곧 슈미츠는 토마스 아퀴나스의 가르침이 단순히 정보로서의 지식 을 전달하는 것이 아니라 제자의 인격적 실존 내면에 통찰의 불꽃을 일으키는 것이었음을 뚜렷이 지적하고 있는 것이다. 이와 관련하여 슈미츠가 주목하는 것은 토마스 아퀴나스의 다음과 같은 입장이다.

> 스승의 통찰(insight)은 가르침의 원천인데, 가르침은 어떤 것들을 파악 하는 것이라기보다는 파악된 것들을 전달하는 데서 이루어진다. 그러므로 스승의 통찰은 묵상(contemplation)보다는 실천(action)에 속한다.[27]

곧 토마스 아퀴나스는 통찰이 단순히 개인적 앎으로 머무는 것이 아니라 적극적이고 능동적인 전달을 통한 실천에서 의미를 지닌다는 것을 명시하고 있는 것이다.[28]

캔트웰 스미스는 스스로 신플라톤주의 전통에 속한다고 자부하고

---

26) Kenneth L. Schmitz, *St. Thomas Aquinas*, (Nashville: Carmichael and Carmichael, 1990), p.7.

27) Thomas Aquinas, *Truth*. Volume: 2. trans. James V. McGlynn, (Indianapolis: Hackett, 1994), p.101.

28) 현대 가톨릭 신학자로서 저명한 버나드 로너간(Bernard J. F. Lonergan)은 앎의 문제 를 깊이 천착한 것으로 유명하거니와 그의 대표적 저서 가운데 하나는 통찰의 문제 를 집중적으로 다루고 있다.
Bernard J. F. Lonergan, *Insight: a study of human understanding.* (New York: Harper Row, c1958[1978]).

있는바,[29] 그에게 있어서도 신앙은 단순히 개인적이고 고립적인 통찰이 아니라 적극적 실천으로서의 응답을 수반하는 통찰임은 명백하다.

2) 초월적 실재에 대한 응답으로서의 신앙

스미스는 실천적 응답을 적극적으로 요구한다는 점에서 신앙이 초월적 실재에 대한 통찰이라고 하는 점에서 한 걸음 더 나아가 응답이기도 하다는 것을 어떤 면에서는 훨씬 더 강조해야 한다고 역설한다. 스미스는 신앙에 대한 자신의 연구에 있어서, 신앙이 초월적 실재의 진리 및 선(善)의 맥락에서의 삶에 관한 헌신을 의미한다는 것이 거듭 확언되어 왔음을 발견했다고 한다.

> 신앙은 [초월적 실재의] 진리에 대하여 "예!"라고 외치는 것이다. 그리스도인들과 무슬림들과 다른 많은 신앙인들이 실제로 진리를 보았고 그 진리에 대하여 자신들의 삶 안에서 응답했으며 그 진리의 맥락에서 그들은 문명을 키워왔고 유지시켜왔다. 신앙의 그리스도교적 형태는 그리스도인들이 그리스도 안에서 그리고 그리스도를 통하여 본 진리에 대하여 "예!"라고 외치는 것이었다. 무슬림의 형태는 그들이 쿠란 및 여타의 이슬람적 상징들과 패턴들을 통하여 발견한 진리에 대하여 "예!"라고 외치는 것이었다. 불자들의 형태는 특히 [불(佛)·법(法)·승(僧)의] 삼보(三寶)를 통하여 볼 수 있게 된 진리에 대하여 "예!"라고 외치는 것이었다.[30]

신앙은 초월적 실재에 관한 진리에 대하여 적극적으로 긍정하고 수용하며 자신들의 삶을 통해 구현하고자 노력해온 과정이라는 것이다.

---

29) Wilfred Cantwell Smith. *Wilfred Cantwell Smith: A Reader*, Kenneth Cracknell (ed.), (Oxford: Oneworld, 2001), pp.18-20, 72-84.

30) ibid., p.163.

스미스는 여기에서도 그 진리가 초월적 실재에 관한 진리로서 언제나 우리의 유한한 인식을 초월한다는 점을 잊지 않는다.

> 더 나아가 각 집단은, [초월적 실재에 관한] 진리 자체는 자신이 보아온 진리보다 크다는 것을 강조하는 한에서 자신이 보아온 진리에 대하여 충실해야 한다고 확언하는 데 있어서 옳았다.[31]

이러한 스미스의 언급은 현대 각 종교 공동체의 일각에서 초월적 실재에 관하여 자신들이 보는 진리만이 진리의 전부이며 타 종교 공동체들은 진리를 보지 못하고 있다고 폄하하고 있는 풍조에 대한 경고이기도 하다. 원래 전통적인 신앙인들은 그렇게 오만한 태도를 취하지 않았다는 것이다. 스미스는 이러한 점에 대하여 다음과 같이 보다 구체적으로 언급한다.

> 그들은 각자 또한 자신이 특수한 방식으로 자신의 이해를 제시했다는 점에서 원칙적으로 이것마저 넘어서기를 바랐다. [초월적 실재에 관한] 진리의 온갖 잠재적 무한성 혹은 절대성을 고려할 때에 그들은 모두 유한한 진리를 보았을 뿐이며 그 진리에 대한 그들의 비전 또한 인간적 방식 내에 있는 것으로 유한한 것이었고, 더욱이 그들은 나머지 사람들 및 실로 그 자신에 대해서도 말과 개념으로 자신이 본 바를 보고하였는바 그 보고는 시간과 장소의 특수성을 띠는 말과 개념 내에 있었다.[32]

이 다섯 지성인들은 자신들이 본 진리가 초월적 실재에 관한 진리 그 자체의 극히 일부에 불과하며, 또한 그 진리를 인간적인 한계 내에서 볼 수밖에 없다는 점과 그렇게 보게 되는 진리를 다시 언어로 개념화하는 데 있어서 거듭 한계를 겪게 된다는 것을 뚜렷이 인식하

---

31) ibid., p.163.
32) ibid., p.164.

고 있었다는 것이다. 표현된 교리체계만으로 종교의 전부를 알고자 하는 일부 현대의 종교연구자들은 이러한 시각에서 볼 때 크나큰 오류를 저지르고 있다고 하지 않을 수 없을 것이다. 이러한 점에서 스미스는 현대의 우리들에게 이 다섯 지성인들의 시공간적 특수성마저 넘어설 것을 요구한다.

> 이러한 그들의 시공간적 특수성을 넘어서는 것은 우리의 과제이다. 적어도 우리가 그들의 비전을 공정히 대하고자 한다면 그러하다. 그들 자신의 시공간적 특수성을 제외한 다른 특수성에 있어서는 그들 스스로 넘어섰으며, 또한 그들 각자의 비전의 한 요소는, 우리가 이미 언급했듯이, [초월적 실재에 관한] 진리는 자신들의 비전을 초월하며 신앙은 바로 그 초월에 대한 충실함도 의미한다는 뚜렷한 인식이었다.33)

곧 이 다섯 지성인들이 자신들의 시공간적 특수성에 제약받으면서도 가능한 한 자기들이 전수받은 전통을 보다 폭넓은 시야에서 쇄신하는 데 진력했듯이 우리 자신도 그들이 우리에게 물려준 전통을 그냥 답습하는 것이 아니라 오늘날 우리의 시야를 최대한 폭넓게 하는 것이 그들의 비전을 공정하게 대하는 길이라는 것이다. 다시 말해서, 그 다섯 지성인들은 초월적 실재에 있어서의 진리에 충실하고자 했으며 후대의 사람들에게도 자신들이 발견한 진리나 그 진리의 표현에 구속되기를 바라지 않고, 오히려 사신들의 한계를 넘어서술 것을 바랐다는 점을 스미스는 유의하고 있는 것이다. 그들 스스로도 앞선 사람들이 발견한 진리나 그 진리의 표현을 존중하면서도 그 한도에 구애되지 않고 진리 자체에 대한 통찰과 헌신에 충실하고자 했다는 것이다. 스미스는 다음과 같이 이야기한다.

---

33) ibid.

곧 우리의 다섯 지성인들은, 인간에게 있어서 신앙이란 우선적으로 그리고 압도적으로 진리 그 자체, 곧 [초월적인] 실재 그 자체에 대한 충실함을 의미하며, 그다음으로 자신들이 보았으며 선포하고 있는 그 구체적 진리 및 실재에 대한 충실함을 의미하는바 이러한 충실함은 그것이 보다 위대한 [초월적 실재의] 진리하에 들어오는 한에 있어서 그리고 그렇게 들어오기 때문에 긍정된다고 주장했다. 그들은 모두, 결코 사소하지 않은 부분에서 자신의 시대와 장소의 지배적인 개념적 전통이 특히 인간의 운명과 초월과 신앙을 참되게 이해하는 데 부적절하다는 것을 보고 그 전통을 초월했기 때문에 주목받았고 주목받아왔다.[34]

다시 말하자면, 그 다섯 지성인들은 자신들의 전통 안에서 전수되어오는 교리체계를 그저 믿는 것으로 신앙생활을 한 것이 아니었던 것이다. 그들은 그 교리체계를 넘어서는 초월적 실재에 관한 진리 그 자체에 충실하고자 했으며, 그러한 노력 가운데 당시의 지배적인 전통의 부적절함을 발견하고 초월하는 데 있어서 과감했다. 도대체 그들이 역사적으로 중요한 인물로 등장하는 것은 그들의 초월적 실재에 대한 이러한 헌신적이고 초월적인 신앙에 기인하는 것이다. 스미스는 이러한 대표적 예로서 성 빅터 후고 및 그 한 세기 뒤의 토마스 아퀴나스의 행적에 관하여 다음과 같이 이야기한다.

예컨대, 성 빅터 후고는 신앙의 삶에 있어서 세속적 학문의 유용성을 옹호하여 교회 당국을 깜짝 놀라게 했다. 그의 견해들은 파리 대학의 발전에 기여하였으며, 다시 말해서 또한 서양의 대학 자체에 기여하였고, 한 세기 뒤의 성 토마스에게 길을 놓아주었는바, 성 토마스는 휴의 권고를 받아들여 신앙에 대한 자신의 이해에 있어서 그 중대한 과제와 관련되는 것으로 자신이 구할 수 있는 모든 자원들을 적극적으로 활용하였다.[35]

---

34) ibid., p.165.
35) ibid., p.165.

곧 성 빅터 후고와 토마스 아퀴나스는 모두 전통의 혁신에 과감한
사람들이었던 것이다. 전통은 그저 답습됨으로써 유지되는 것이 아니
라 부단한 쇄신을 통해서 살아 움직이는 것임을 그들은 알고 있었던
것이다. 스미스는 토마스 아퀴나스가 전통 내의 보수주의자들의 공격
에도 불구하고 자신의 지성과 외부 자료를 적극적으로 활용했다는 것
을 강조한다.

> 이 자원들은 물론 교회의 성사 및 가르침과 헌신적 생활 등 교회 당국
> 에 의하여 그에게 제공된 것들을 포함했을 뿐만 아니라 자신의 명석하고
> 강력하며 독립적인 지성의 자유로운 사용도 포함했는바, 성 토마스는 너
> 무 독립적이고 너무 합리주의적이며 교회 당국의 기존 입장들에 대하여
> 순종하지 않을 정도로 지성적이라고 공격받았다. 그 자원들은 또한 자신
> 이 알고 있던 비그리스도교 문명들에서의 가르침들에 들어 있는 통찰들,
> 특히 물론 막중한 정도로 희랍 전통의 아리스토텔레스의 통찰을 포함했
> 다……스스로는 덜 의식적이었지만, 그는 미묘한 방식으로 이슬람 문화로
> 부터 영향받았으며 이븐 루시드(Ibn Rushd, "Averroes" 1126-1198)로부터는
> 공개적으로 영향받았는바, 그는 당시에 아베로에스주의자(Averroist)라고 비
> 난받았으며 오늘날에 이르기까지 그 점에 관하여 변호되어야 했다.[36)]

다시 말하자면, 토마스 아퀴나스의 신앙은 기존의 교리체계에 대한
단순한 믿음으로 이루어진 것이 아니었다. 초월적 실재에 대한 겸손과
디불어 용감하고 대담한 헌신적 태도로서 기존의 보수적 권위에 대해
서 적극적으로 맞설 수 있는 신앙이었던 것이다. 스미스는 토마스 아
퀴나스에 관하여 비교적 상세하게 이야기하기는 하지만 다른 네 명의
지성인에 대해서도 사정은 마찬가지였음을 다음과 같이 이야기한다.

> 유다 하 레비는 비교종교에 관한 책을 저술했다. 알 가잘리는 자신의 세

---

36) ibid., p.165.

계 내의 신학적이거나 혁명적이거나 회의주의적이거나 이슬람적이거나 이슬람외적이거나 상관없이 주요 운동들 각각을 깊이 연구하였고 철저히 고투한 끝에 인격적이고 공적인 종합을 산출한 위대한 사람이었는바, 이 종합은 당시에는 대담한 것이었고 뒤 세기들에 있어서는 그 자체로 정통화되었다. 라마누자는 그에 앞서 주된 인물이었던 샹카라(Sankara)보다는 불교로부터 덜 영향받았으나 거의 비교종교학적 인격신론이라고 불릴 수 있는 신학을 전개하였다. 자신의 당대에는 역시 대담한 혁신가였고 나중에 정통화된 중국의 위대한 종합가 주희도 우주 내에서 인간의 위치를 비판적으로 이해함에 있어서 당시 중국에서 자신에게 알려져 있는 전통들 가운데 토착적인 것이든 외부로부터의 것이든 어느 것도 배제하지 않았다.37)

곧 당대를 대표하는 이 다섯 지성인들은 모두 기존 교리체계를 묵수적으로 믿는 데 그친 것이 아니라 초월적 진리에 대한 헌신 속에 과감하고 폭넓게 혁신을 단행한 사람들로서 두드러지는 것이다. 스미스는 그리스도교 전통의 성 빅터 후고 및 아퀴나스에 관해서 비교적 상세히 다루는 데 반해서 다른 인물들에 대해서는 구체적인 언급은 거의 없다. 특히 동아시아권에 속한 우리들로서는 주희에 대한 언급이 좀더 있었으면 하는 바람을 가질 수 있겠는데, 스미스는 주희에 관해서는 다음과 같이 언급하고 있다.

주희는-그가 [오늘날의 관점에서 보았을 때] 아무리 많은 부분에 있어서 중국적인 혹은 동아시아적인 혹은 유교적인(신유교적인) 그리고 12세기적인 방식으로 그렇게 했다고 할 수 있을지라도-[그 자신의 의식에 있어서는] 중국적인 혹은 동아시아적인 혹은 유교적인 신앙에 관해서가 아니라 인간적인 신앙에 관하여 생각하였으며, (우리 자신의 시대 이전의)모든 집단들과 모든 시대의 사람들도 그러하였다.38)

---

37) ibid., pp.165-166.
38) ibid., p.167.

이것도 주희에 대한 구체적인 언급이라기보다는 근대 이전의 신앙인들의 사색에 있어서 대표적인 인물로 주희를 예시하면서 하는 언급이라고 할 수 있다. 다만 우리는 잠시 후에 거론하겠거니와 근대 민족주의가 발흥하기 이전에는 대부분의 문화권에 있어서 어떤 민족의 구성원으로서 어떻게 살아갈 것이냐의 문제보다는 보편적 의미에서 인간으로서 어떻게 살아갈 것이냐의 문제가 사색의 중심이었다고 이야기할 수 있을 것이며, 주희도 그러한 시각에서 이해해야 정당한 것이라고 이야기할 수 있을 것이다. 곧 주희가 특히 불교에 대하여 심각한 비판을 퍼부은 배불론자로 유명하기도 하지만 그 배불의 이유는 단지 불교가 중국 민족의 종교가 아니라는 데에서 찾기보다는 주희 자신의 진리에 대한 통찰에서 찾아야 할 것이다. 다시 말해서 소위 종파적 당파심에서 주희가 불교를 비판한 것은 아니라는 것이다. 오늘날 불교 측에 있어서도 주희의 불교비판을 이러한 시각에서 받아들일 때 그 비판을 건전하게 수용할 수 있을 것이다.[39]

이러한 맥락에서 스미스는 오늘날의 각 종교 집단에서 발견되는 고립주의에 대하여 다음과 같이 일갈한다.

실로 이와 같이 심각한 문제에 최대한 광범위한 자료와 방법과 준비에 미치지 못하는 어떤 것을 가지고 접근하는 것은 그저 옹졸할 뿐만 아니라 영성적인 곧 신앙적인 관점에서 신성모독에 가깝고 지성적인 관점에서 무책임에 가까운 어떤 것이 아닌가? 최근에 우리는 서로 상이한 일련의 "종교들(religions)"이 서로에 대하여 배타적이면서 그리고 과학적이거나 세속

---

39) 윤영해, 『주자의 불교비판 연구』(1996년 서강대학교 종교학과 박사학위 논문). 이 논문은 주자의 불교 비판이 불교가 단지 중국의 종교가 아니어서 라기보다는, 현실의 선과 악을 분별하여 판단함으로써 현실개선에 참여하는 데 무기력하다는 사실에 주안점을 두고 있음을 뚜렷하게 밝히고 있다. 곧 불교의 무분별적 지혜가 현실 개선에서는 무기력하다는 점을 주자는 통렬하게 비판하고 있는 것이다.
오지섭, 『한국 유·불 공존의식의 배경에 관한 연구—윌프레드 캔트웰 스미스의 종교 이해에 근거하여—』(2001년 서강대학교 종교학과 박사학위 논문), p.80도 참조.

적인 지식에 대하여 대립하면서 자기만을 위한 지성적 비전을 원칙적으로
고립적으로 고안해내고자 하는 내향적인 고립주의적 현상들을 목도해왔
다. 이것은, 각각의 경우에 겉보기에는 전통주의적이기도 하고, 기묘한 서
양의 특수성 및 이전 시대의 지리적이고 역사적인 분산에도 그 뿌리가 없
지 않지만, 비교적 최근에 도입된 것이다. 이것은 신앙이 기울어가는 시대
의 표징인 것이다.[40]

그럼에도 불구하고 스미스는 희망을 버리지 않는다. 스미스는 다음
과 같이 힘주어 말한다.

그럼에도 불구하고 이성이 원칙적으로 보편적이며 지성적 차원에서 인
류가 일치하는 쪽으로 나아간다고 주장한 사람들은 부조리한 사람들이 아
니었다. 진리의 인간적 형태들 및 신앙의 형태들이 우리의 세계를 다양하
게 장식하거나 얼룩지게 하더라도 진리(Truth)는 궁극적으로 하나이다. 우
리의 하나 됨(unity)은 초월적으로 참이다. 그저 이미 실제로 우리의 현실
인 세계 사회가 아니라 세계 공동체를 지상에 건설하는 데 있어서, 그 하
나 됨에 우리가 실질적으로 더욱 가깝게 접근해가는 쪽으로 역사가 움직
여갈 것이냐 여부는 초월적 진리와 사랑의 맥락에 있어서 우리의 실천 역
량의 문제이다.[41]

곧 현대의 종교인들은 자신들의 교리체계에 대한 답습으로 종교적
전통을 연명해갈 것인가 초월적 실재에 대한 개방적 태도로 쇄신을
이루어갈 것인가를 현명하게 판단해야 할 것이다. 그들은 그러한 판
단에 있어서 전통적인 신앙인들의 자세에서 배워야 한다고 스미스는
강력하게 촉구하고 있다.

---

40) ibid., p.166.
41) ibid., p.171.

4절 신앙의 보편성

스미스의 이러한 신앙 이해에서 우선적으로 주목되는 것은 초월적
실재에 대한 인격적 신앙이 보편적이면서 다양하다는 주장이다. 인격
적 신앙은 어느 지역에서나 어느 시대에서나 관찰된다는 점에서 보편
적이며 또한 어느 시대에서나 어느 지역에서나 다양하게 관찰된다는
것이다. 우선 신앙의 보편성에 관한 그의 주장을 살펴보자. 그는 현대
에 이르러 신앙의 보편성에 대하여 인식하게 된 계기에 관하여 다음
과 같이 이야기한다.

> 불행하게도, 우리가 신앙을 그 보편적이고 인간적인 형태에서 점점 더
> 볼 수 있게 되어온 것은, 부분적으로는 우리의 시대에 불신앙이 흥기했다
> 는 데 기인한다. 세계의 신앙 공동체들이 얼마나 많은 것을 공유해왔는가
> 를 인식하는 데 있어서 많은 사람들이 치러야 했던 대가는 그 모든 공동
> 체들이 현대의 허무주의자들의 황량함과 얼마나 다른가를 발견하는 데서
> 취해진 것이다.[42]

곧 현대에 이르러 허무주의자들이 대거 나타나면서 불신앙이 두드
러지고 그에 따라서 기존에 서로 대립하는 것으로 보였던 종교전통들
이 이러한 불신앙에 비헤서는 시로 오히려 공유하는 바가 많다는 것
을 인식하게 되었던 것이다.

> 우리는 오늘날, 자신의 동료들과 우주와 자기 자신의 궁극적 운명에 관
> 한 신앙이 개인적이고 공동체적인 삶 모두를 많은 다양한 방식으로 질서
> 지우도록 이끌어 왔다는 것을 인식하게 되었다. 모든 신앙이 다 동등하게

---

42) Wilfred Cantwell Smith, *Faith and Belief* (Princeton: Princeton University Press,
1979), p.132.

좋다거나 심지어 모든 신앙이 다 타당하다거나 온전히 정당하다고 성급하게 주장할 필요는 없다. 하지만 우리는 이 모두가, 자기 자신 및 자신의 이웃 모두의 삶이 궁극적이고 우주적인 방식으로 의미가 있다는 것을 보고 느끼고 아는 데 있어서 점진적으로 무능력해지는 것과는 구별된다는 것을 식별하기 시작할 수 있다.[43]

곧 현대의 허무주의자들과 달리 인류사의 대부분에 있어서 사람들은 자신들의 이웃과 우주와 자기 자신의 운명에 관한 신앙을 통해서 자신들의 삶에 의미를 느끼고 질서를 부여하는 역량을 지니고 있었다는 것을 현대의 연구자들은 더욱 뚜렷하게 볼 수 있게 되는 것이다. 모든 신앙이 다 똑같다거나 하는 성급한 결론을 내릴 필요는 없지만, 적어도 의미를 보고 느끼는 데 있어서 점진적으로 무능력해지는 현대의 황량한 허무주의와 대비될 때 공유하는 바가 매우 많다는 것을 뚜렷하게 인식하게 된다는 것이다. 이러한 기반에서 스미스는 다음과 같이 뚜렷이 이야기한다.

> 확실히 어디에서나 애초부터 인간은 자신 안에서 자신의 이웃 안에서 우주 안에서……세속적이고 직접적인 것을 넘어서도록 자신을 고양시키는 삶의 자질에 개방되어 왔는바, 인간은 언제나 부분적으로는 환경의 산물 혹은 희생자라고 할 수도 있지만 결코 전적으로 단순하게 그런 적은 없는 것이다. 인간은 직접적인 환경 내에 주어져 있는 것을 넘어서 열망과 영감과 비전과 책임의 원천들에 대하여 개방되어온 것이다.[44]

축적적 전통과 인격적 신앙의 범주에서 스미스가 인류사를 개관해보았을 때 전체 인류사를 특징짓는 것은 인간이 단순히 환경의 산물이지 않았다는 것이다. 인간은 환경에 대하여 단순히 수동적으로 적

---

43) ibid., p.133.
44) ibid., p.129.

응하며 생존해온 존재가 아니라는 것이다. 스미스적 초월 개념을 사용한다면 인간은 언제나 환경을 상당히 초월하며 살아왔다는 것이다. 인간은 육안으로 보는 세계만이 전부가 아니라 그것을 넘어서는 의미의 세계에 대한 비전을 보았으며 그러한 세계에 대하여 열망과 책임의식을 느끼며 영감을 받으며 살아온 것이다. 이러한 의미에서 인간의 정체성에 대한 스미스의 다음과 같은 언급은 경청할 필요가 있다.

> 곧 신앙은 핵심적인 인간적 자질인 것이다. 신앙은 인간의 본질적 자질(the essential human quality)이라고까지 할 수 있는바, 인간을 인간적으로 되도록 하는 것이 신앙이며, 초월적 차원의 맥락에서 초월적 차원에 응답하면서 살아가도록 초대받음에 의해서 혹은 그렇게 살아갈 수 있는 우리의 보편적 역량에 의해서 인격성(personality)은 구성되는 것이다.[45]

앞에서 우리는 종교를 이해하려면 인간의 신앙을 이해해야 한다는 스미스의 주장을 보았거니와, 여기에서 우리는 종교만이 아니라 인간의 인격성(personality)을 이해하는 것 자체가 인간의 신앙적 자질을 이해하는 데에서 출발해야 된다고까지 이야기할 수 있는 것이다.

이러한 이해로 나아가기 위해서는 특히 타인들의 종교 체계에 대하여 신앙적 차원에서의 이해가 필요하다는 것을 스미스는 다음과 같이 역설한다.

> 대부분의 종교 체계들은 외부자들에게는 어리석거나 괴기하게는 아니라고 하더라도 기묘하게 보인다. 따라서 그러한 체계들에 활력을 주고 또한 그러한 체계들에 의하여 활성화되는 신앙이 식별되지 않을 때 타인들의 사상 및 관행이 비난되는 일은 너무나 쉽사리 일어나곤 했다. 그리스도교에 대한 세속주의자들의 관점, 로마 가톨릭에 대한 개신교 측의 평가나 그 역의 경우, 힌두와 불자와 무슬림의 입장에 대한 그리스도인들의 냉담함, 이

---

45) ibid., p.129.

전 세대들이나 시대들에 대한 최근의 관점에서 우리는 그 여실한 사례들을 볼 수 있다. 하지만 이제는 그러한 무지를 넘어서야 할 때이다.46)

오늘날은 자기 자신의 종교전통에 대해서도 물상화된 시각으로 바라보는 관점이 확산되어 왔지만 과거 역사에 있어서도 그러한 시각이 타인들의 전통에 대해서는 별 생각 없이 주어져왔는바, 오늘날 인류는 타인들의 전통에 대한 그러한 무지를 극복해야 할 책임이 있는 것이다. 스미스는 인류의 종교사에 대하여 다소 시적으로 다음과 같이 이야기한다.

오늘날 전 세계를 개관해 볼 때 대부분의 시대에 있어서 대부분의 장소에서 인류는 자신이 그 안에 살고 있는 세계의 위대함이 자신의 파악을 초월하지만 전적으로 난해하지는 않으며, 진리와 아름다움과 정의와 사랑이 도도하면서도 자애롭게 자신에게 손짓하고 있음을 효과적으로 인식해 왔다는 것은 명백하다. 우리는 그러한 인식이 시와 예술과 철학이나 신학, 의례, 사회 구조, 정치적 열망 안에서 구현되어 왔음을 본다. 이러한 인식은, 중요성의 정도는 다양하겠으나, 있는 그대로의 이 세상에 관한 초월적 성격의 인식, 이 세상을 되어야 할 세상으로 변혁시키고자 하는 추진력……자신과 자신의 이웃 안에서 인격적 초월의 인식, 서투르게 혹은 최대한으로 풍요롭게 이것을 어떻게든 실현하게 된다는 느낌 등을 구성하는 것이었다. 이러한 인식이 적어도 신앙의 일부이어 왔으며, 이것으로부터 인류 역사에서 가치 있는 것의 대부분이 창조되어 왔다.47)

인류사의 대부분은 자신이 살고 있는 세계와 자기 자신과 자신의 이웃 안에서 초월을 인식하고 그에 부응하여 실천하고자 하는 가운데 영위되어 왔다는 것이다. 이러한 근거에서 신앙을 이해하지 못하고서 인류를 이해한다고 하는 것은 어불성설이라고 할 수 있는 것이다.

---

46) ibid., p.130.
47) ibid.

5절 신앙의 역사성

스미스가 신앙을 보편적 차원에서 상당히 긍정적으로 바라보고 있다는 것은 사실이지만, 스미스가 그러한 사실에만 주목하는 것은 아니다. 그에 의하면 인간의 신앙이 자신의 주어진 환경에 대하여 상당히 초월적이기는 하지만 역사적 환경의 제약으로부터 절대적으로 독립되어 있는 것은 아니다.

신앙을 보편적으로 보는 것은 신앙을 그 참됨에 가까이 혹은 멀리 다가가는 정도에 있어서 역사적으로 살펴보는 것이다……이 기본적인 인간적 자질에 관하여 우리는 상당히 낙관적으로 될 수도 있지만 전적으로 그렇게 되는 것은 아니다. 고결함과는 대조적으로 신앙의 도착(倒錯) 또한 있어 왔다.48)

신앙을 이해함에 있어서 그 역사적 제약을 무시할 수는 없는 것이다. 인간은 초월적 실재에 대면하는 존재이기도 하지만 땅에 발을 붙이고 설 수밖에 없는 존재이기도 한 것이다. 또한 각 사람에 따라 자신의 역사적 환경을 초월하는 정도는 천차만별인 것이다.

많은 비평가들이 지적해왔듯이 인간의 역사는 또한 신앙에 있어서 터무니없는 어리석음, 경직, 광신에 의해서도 얼룩져온 것이다. 전 세계적으로 신앙인들은 계속해서 자신들의 신앙의 특정한 표현 심지어 왜곡된 표현에 집착하고 그 명목하에 다른 표현들뿐만 아니라 자신들이 상징화하고자 의도했었던 진리 그 자체까지도 무시하고 억압하고 혹은 파괴해왔다는 것을 역사학자들은 뚜렷이 목도하고 있다.49)

---

48) ibid., pp.130-131.
49) ibid., p.131.

곧 스미스는 신앙의 보편성을 봄에 있어서 풍요롭고 긍정적인 다양성만을 보는 것은 아니다. 역사적 현실로서 인간의 어리석음과 경직과 광신에 의한 폐해에 대해서도 그는 눈감지 않고 있는 것이다. 이것은 타인들의 종교전통에 대한 오해만이 아니라 자기 자신들의 전통에 대해서조차도 적용되는 것이다. 달을 가리키는 손가락 비유를 다시 든다면, 자기 자신들의 전통에 대해서도 달 곧 상징이 가리키는 실재 그 자체가 아니라 손가락 곧 상징 자체만을 숭상하는 오류에 빠지는 경우가 적지 않았던 것이다. 인류는 신앙의 긍정적 차원에 있어서 보편적 공통성을 드러낼 뿐만 아니라 신앙의 왜곡된 차원에 있어서도 보편적 제약을 드러낸다는 점에 스미스는 유의하고 있는 것이다.

왜곡된 종교적 인간(*homo religiosus perversus*)에 대해서는 찬성할 필요가 없는 것이다. 여기에서 다만 요구하는 것은, 역사적 관찰에서 뚜렷한 바, 그러한 왜곡 또한 전 세계적 차원에서 나타난다는 사실에 유의해야 한다는 것이다. 인간이 구속(救贖)받을 필요가 있는 죄인이라는 것을 강조하는 데 있어서는 그리스도인들이 아마도 다른 이들보다 더 심각했을 것이다. 하지만 그리스도인들이 이렇게 환기시켜온 상황은 그들이 직접 인식해온 바와 같이 아주 전 세계적이다. 교회가 스스로 죄인들의 회중이라고 선포하는 데 있어서 그 선포는 독특할 수 있으나, 실상은 그렇지 않다. 신학자들이든 역사학자들이든 모든 그리스도인들은 성자이고 타인들은 모두 죄인이라거나 혹은 그 역이라고 발견하는 이는 아무도 없다.[50]

스미스 자신이 그리스도교 전통에 속한 사람으로서 그리스도 전통이 죄의식을 강조하는 데 있어서 더 심각했을 것이라는 점은 다소 인정한다. 그러나 획일적으로 자신들의 공동체에 속한 사람들만을 성스럽다고 하거나 죄를 의식하고 있다고 하는 것은 또 다른 편견인 것이다. 곧 인류의 신앙을 이해함에 있어서 그 긍정적 측면과 부정적 측

---

50) ibid., p.131.

면 모두를 공정하게 직시해야 하는 것이다.

> 신앙은 다양하게 나타난다. 어떤 사람들은 크고 풍요롭고 강하고 고아한 신앙을 지니면서 관대하고 용감하고 자비롭고 인내하며 고결하고 창조적으로 살아간다. 다른 사람들은 빈약하고 괴팍하거나 왜소한 신앙을 지니면서 편협하거나 산만하게, 비창조적이거나 냉소적으로, 독선적이거나 위선적으로 살아간다. 오늘날 우리는 전 세계의 온갖 공동체에서 신앙의 양 극단 및 그 사이의 온갖 층차들이 발견되어진다는 것을 볼 수 있다. 곧 신앙이 그 훌륭하거나 꼴사나운 형태에 있어서, 그 더욱 참되거나 덜 참된 사례들에 있어서, 아주 전 세계적으로 발견되어 왔다는 것은 역사적 사실인 것이다.[51]

이러한 점에서 특히 연구자가 자신이 소속된 전통과 타인들의 전통을 함께 연구할 때 유의해야 할 점에 관하여 스미스는 다음과 같이 지적한다.

> 요컨대, 역사학자가 종교적으로 둔감하여 구체적인 역사적 형태는 보고하면서 시간을 초월하는 바탕을 보거나 언급하는 데에 실패할 수 있다면, 자기 자신과 같은 전통의 신앙을 지닌 사람을 연구하는 학자는 초월적 요소를 너무 생생하게 보는 나머지 그것을 우선적으로 강조하면서 역사적 특수성을 과소평가하거나 과소하게 보고할 수 있는 것이다.[52]

이러한 스미스의 지적은 아마도 기존의 상당수의 역사학자나 종교연구자들에게 해당될 것이다. 일반적인 역사학자나 타종교인의 전통을 연구하는 종교연구자들은 그 역사에서 초월적 신앙의 요소를 거의 배제하거나 축소시켜온 것에 대해서 반성적 성찰을 할 필요가 있을 것이다. 역으로 자신들의 신앙에 대해서는 연구자 자신의 상황에서 비

---

51) ibid., p.131.
52) ibid., p.132.

판받는 내용은 축소시키는 경향이 있어온 것도 무시할 수는 없을 것이다. 자기 신앙의 장점만을 부각시키고자 하는 것은 거의 본능에 가까운 방어심리의 소산일 것이다. 그러나 스미스는 그러한 양 차원을 공정하게 바라볼 것을 주문하고 있는 것이다.

6절 인간이 되는 길로서의 신앙

스미스는 인간이 되는 길로서의 신앙을 이야기하면서 미국의 저명한 소설가 맬러머드(Malumud, 1914-1986)의 "유대인이 된다는 것은 인간이 된다는 것이다(to be Jewish is to be human)"라는 문장을 두드러진 사례로 제시한다.[53] 스미스는 이 문장을 이해하지 못하는 것은 둔감의 소치라고 하면서, 그 문장의 진실성과 깊이를 모두 깨닫지 못하면 유대인들을 이해할 수 없다고 힘주어 말한다. 모든 사람들에게 있어서는 아니라고 할지라도 유대인들에게 있어서는, 유대인이 되는 것은 실로 인간이 된다는 것이며, 이 점을 이해하는 데 실패하면 유대인들만이 아니라 인간성 자체를 이해하지 못한다는 것이다.

스미스는 유대인에 대한 이러한 예시만으로는 이해하기가 어렵다고 여겨지는 사람들을 의식해서인지 인도에서 '힌두인(Hindu)'이라는 말이 그 기원에서뿐만 아니라 다소 오늘날까지도 외부자의 말이라는 것을 상기시키며 다음과 같이 말한다.

인도에 사는 사람들은 자신들을 힌두인이라고 생각해온 적이 없다. 인

---

53) ibid., p.136.

도에 사는 어느 누구도 도대체 힌두인이 되려고 시도해온 적이 없다. 그들은 다만, 인간이 된다는 것이 어떻게 이루어질 수 있는지 최대한 식별하면서 인간이 되고자, 진정하고 적절하고 참되게 살고자 애써왔을 뿐이다. 그렇게 하고자 하는 그들의 시도에 대하여, 그러한 시도가 그들과 다른 우리들의 시도와 다르다고 해서 우리가 외부에서 '힌두인'(Hindu)이라는 명칭을 부여해온 것이다. 인도 사람들은 오랜 세기에 걸쳐서 절대적이고 우주적인 의미에서 진정한 인간이 되고자 열망해왔다. 그들은 진정한 인간이 되는 것 곧 올바르게 사는 것이 변덕스러운 일이거나 그저 역사적이고 환경적인 일에 그치는 것이 아니라 우주적인 중요성을 지닌 문제라고 알아왔다. 그들은 인간이 된다는 것이 물질적 세계 내에서이기는 하지만 영적 세계가 영향을 미치는 영역에서 삶을 사는 것이라고 인식해왔고 확언해왔다. 그들에게 있어서 '힌두인'이 된다는 것은 장엄한 의미에서가 아니라 거의 일상적인(casual) 의미에서 인간이 된다는 것이어 왔다.[54]

오늘날 사람들, 특히 민족주의가 강하게 작용하고 있는 한국에서는 이러한 스미스의 주장은 쉽게 납득되기 어려운 것이 사실이다. 오늘날 우리나라 사람들은 참다운 사람이 되기보다는 한국인으로서 민족적 정체성을 지키는 데 지나치리만큼 애를 쓰며 그것이 정당하다고 여긴다. 종교에 있어서도 보편적 사랑을 가르치기보다 애국적인 종교라는 것을 자랑스럽게 여기는 풍토가 상당히 있다. 불교에 있어서도 참다운 깨달음을 강조하는 측면도 있지만 별 맥락 없이 호국불교라는 것이 한국불교이 자랑스러운 특성인 깃처럼 이야기하기노 한다. 국난극복에 불교가 앞장섰다는 것은 자랑스러운 일이라고 할 수도 있지만, 그러한 호국불교적 특성이 불교 자체의 진리관에 입각해서 어떠한 의미를 갖는 것인지에 대한 검토가 없이 호국불교 자체가 절대적 이상인 것처럼 여기는 것이 과연 불교적인 것인지는 재고를 요하는 문제라고 해야 하지 않을까? 한국인들도 근대적 민족주의가 흥기하기 전

---

54) ibid.

에는 한국인으로서 정체성을 찾기보다는 참다운 인간이 되고자, 사람다운 사람이 되고자 노력해왔다고 하는 것이 더 사실에 부합하는 것이 아닐까?

다행히 오늘날 베네딕트 앤더슨(Benedict Anderson)의 『상상의 공동체: 민족주의의 기원과 전파에 대한 성찰』(*Imagined Communities: Reflections on the Origin and Spread of Nationalism*)을[55] 비롯한 여러 연구들은 스미스의 주장에 부합하는 연구 결과들을 상당히 산출해내고 있다. 민족주의가 근세에 이르러 만들어진 현상이며 그러한 현상이 있기 이전의 역사에서 민족주의를 읽어 들이는 것은 역사에 대한 오독(誤讀)이라는 것이다. 이러한 맥락에서 한국 불교연구자로 널리 알려져 있는 로버트 버스웰(Robert E. Buswell)은 "민족주의 이전 시대에 '한국불교'가 있었는가?"(*Is There a "Korean Buddhism" in the Pre-Nationalist Age?*)라는 글을 발표하기도 하였다.[56] 당연히 이 논문은 로버트 버스웰이 한반도에 불교가 없었다거나 그 불교가 독특성이 없었다는 것을 주장하는 것이 아니다. 다만 한국의 전통적인 불자들은 한국불교라는 정체성을 찾고자 애써온 것이 아니라 불교다운 불교, 나아가 참된 초월적 실재에 대한 여실한 통찰을 얻고자 노력해왔다는 것을 인식할 필요가 있다는 것이다. 호국불교를 빗대어 이야기한다면 호국이 불교의 진리, 나아가 초월적 실재에 참되게 응답하는 길이기에 호국을 한 것이라는 점을 이해해야 한다는 것이다.

이러한 맥락에서 스미스는 인간이 되는 것이 쉽다거나 인도 사람들

---

55) Benedict Anderson, *Imagined Communities: Reflections on the Origin and Spread of Nationalism,* revised amd extended ed (London: Verso Books, 1991)
Benedict Anderson, 『상상의 공동체: 민족주의의 기원과 전파에 대한 성찰』, 윤형숙 역 (서울: 나남출판사, 2002).
56) Robert E. Buswell, *Is There a "Korean Buddhism" in the Pre-Nationalist Age?*, 21세기 문명과 불교, 동국대학교 개교90주년기념 세계불교학술회의 (서울: 동국대학교, 1996)

이 그것을 쉽다고 생각해왔다고 말하고 있는 것은 아님을 유의할 필요가 있다.

오히려 나는 '일상적인'(casual)이라는 말로서, 인도 사람들이 그와 정반대되는 것을 다소 묵시적으로 당연시해왔다는 것을 의미하고자 한다. 인간이 된다는 것은 당혹스럽고 집요하며 매우 심각한 문제인 것이다.57)

곧 스미스가 '일상적인'이라는 말로 의미하는 것은 인간이 된다는 것이 인간이라면 누구에게나 주어지는 과제였다는 것이다. 그 문제는 매우 힘들고 까다로운 문제이며 누구나 온전히 성공하기는 어려운 과제인 것이다. 이러한 특징을 스미스는 인간의 직립(直立)과 연관시키며 다음과 같이 이야기한다.

인도 및 그 밖의 지역에서 사람들은 인간으로 되기 위해 일어서도록 자신들이 도전받음을 발견해왔다. 우리는 '일어서다'(rise)라는 말을 진지하게 받아들여야 한다. 그 말을 통해서 사람들은 인간을 자기 초월적 존재로 특징지으며, 혹은 우리가 본질적으로 우연적인 우리 자신 이상의 존재라는 것을 형이상학적으로 확언하는 것이다. 예컨대 악어가 되는 데 아무런 어려움이 없는 악어와는 달리 사람은 언제나 인간이 되는 데 특별한 노력 혹은 특별한 사색 혹은 특별한 은총이 실질적으로 요구된다는 것을 발견해왔다. 악어가 되는 일이 쉬운 악어와 달리 우리에게 있어서는 오히려 온전한 인간이 되지 않는 것이 쉽고, 우리의 진정한 소명으로부터 벗어나기가 쉬운 것이다. 사람은 인간이 되는 데 실패할 수 있고 참으로 자기 자신이 되는 데 실패할 수 있으며, 자신의 이웃의 진정한 인간성을 올바로 인식하는 데 실패할 수 있고, 다른 사람들을 인간 이하인 것처럼 대할 수 있는 것이다.58)

---

57) Cantwell Smith, op. cit, p.137.
58) ibid., pp.136-137.

곧 본능대로 살아가는 동물과 달리 인간은 자기의 동물적 본능을 극복하고 초월적 실재에 대한 적극적 응답을 하고자 하는 가운데 인간됨의 의미를 찾아온 것이 인간이라는 것이다. 그것은 스스로에 대해서도 실패할 가능성이 있을 뿐만 아니라 동료 인간들을 대하는 데 있어서도 실패하기 쉬운, 매우 어려운 길인 것이다. 곧 우리 자신 및 우리의 이웃 모두에게는 표면적으로 나타나는 것 이상으로 더 중요한 어떤 것이 있으며, 우리가 피상적인 것에 만족해버린다면 우리는 우리의 인간적 소명에 있어서 실패하는 것이라고 하며 스미스는 다음과 같이 역설한다.

　　우리가 시궁창에 빠져 있는 술주정뱅이를 마주칠 때 단지 시궁창에 빠져 있는 술주정뱅이만을 본다면 우리는 그 사람을 참된 모습에 있어서 보는 데 실패한 것이며 자기 스스로도 실패한 것이니, 우리가 이웃 사람들을 그렇게 대우한다면 우리 스스로도 온전히 인간이 되는 데 실패한 것이다. 그리고 우리가 예컨대 돈과 경력과 출세의 맥락에서 곧 우리가 마치 우리의 세속적 환경에 기계적으로 반응하고 대처하는 단순한 유기체인 양 피상적인 삶을 살아간다면, 그러한 경우에도 우리는 인간 이하로 되고 있는 것이다.[59]

　　곧 우리가 인도 사람들을 이해하고자 한다면 그들이 역사의 여명기부터 이것을 인식해왔으며 그것에 대한 그들의 인식과 응답이 우리가 힌두라고 부르는 형태의 인간적 신앙이라는 점을 이해해야 한다는 것이다. 스미스는 무슬림과 그리스도인들에 관해서도 다음과 같이 말한다.

　　마찬가지로 외부자들에게 있어서 이슬람은 한 특정 종교의 명칭이어왔지만, 무슬림들에게 있어서 이슬람은 인간이 우주의 궁극적 진리 및 자기 자신의 본질적 진리에 따라 살아가는 인간적 행위에 대한 보편적 명칭

---

59) ibid., p.137.

이다. 마찬가지로 그리스도인들도 그리스도가 참으로 하느님인 동시에 참으로 인간이고 참된 인간성을 갖춘 존재이며, 예수는 원초적 말씀이기도 한 궁극적 말씀을 만들어낸 것이 아니라 드러내었는바, 그분은 그리스도인들에게가 아니라 인간에게 모범이 되신다고 선포한다. 진정한 그리스도인이 되는 것은 인간 이외의 어떤 것이 되는 것이 아니라 왜곡되지 않은 인간이 되는 것이며, 그리스도는 우리에게, 인간이 되어지도록 의도된 그러한 존재로 참되게 될 힘을 주는 분인 것이다.[60]

곧 이슬람이나 그리스도교를 이해할 때에도 단순하게 특정 교리체계를 믿는 것이라고 이해하는 차원을 넘어서 참다운 인간이 되고자 하는 그들의 노력을 바라볼 때에 이슬람과 그리스도교를 제대로 이해할 수 있다는 것이다.

이러한 맥락에서 스미스는 세계의 다양한 종교체계들이 인간이 되기 위한 주요한 시도들이며, 달리 말하자면 인간이 되는 데 대한 뚜렷한 응답들이라고 하면서 다음과 같이 역설한다.

> 한 사람은 인간인 연후에 또한 유대인이 되거나 그리스도인이 되거나 무슬림이 되는 것이 아니라, 그들 중의 하나가 됨으로써 인간이 되는 것이다. 달리 말하자면, 어떠한 종류의 신앙을 갖느냐는 우연적이시반 신앙을 갖는다는 것은 중심적인 것이다. 곧 신앙은 그 온갖 형태를 통해서 핵심적인 인간적 특성이어 왔다. 달리 말하자면, 인간은 모두 종교적 인간(*homo religiosus*)인 것이다. 신앙을 갖는다는 것은 최고의 진정한 의미에서 인간이 되고자 하는 것이다.[61]

곧 유대교나 그리스도교나 이슬람은 인간에게 있어서 단순히 있거나 없거나 상관없는 부가물로서 존재해온 것이 아니라 인간이 인간답게 되는 핵심적인 길로서 존재해왔다는 것을 이해할 때 그 종교들을

---

60) ibid., pp.137-138.
61) ibid., p.138.

이해할 수 있는 것이다. 곧 인간은 인류 역사의 대부분에 있어서 종교를 하나의 장식물로 지녀온 것이 아니라 인간이 되는 데 본질적이며 핵심적인 길로서 종교적인 삶을 살아온 것이며, 이러한 의미에서 인간은 종교적 인간(*homo religiosus*)인 것이며, 스미스 연구자 중의 하나인 배국원의 표현을 빌린다면 인간은 신앙적 인간(*homo fidei*)인 것이다.62) 다만 우리는 신앙이 자연적(natural)이라거나 자동적(automatic)이라거나 당연시되는(to be taken for granted) 어떤 것이라고 하는 것은 아님을 거듭 유의해야 한다. 신앙은 정상적인 것이지만, 인간은 비정상에 자연적으로 이끌리기 쉬운 것이다.63)

스미스는 이처럼 인간에게 종교가 보편적인 과제였다는 점에서 종교를 이해하려면 신앙적 인간을 이해해야만 할 뿐 아니라 그 역에 있어서 곧 인간을 이해하는 데 있어서도 그 신앙을 제외하고는 제대로 이해할 수 없다고 할 수 있다. 스미스는 다음과 같이 말한다.

> 신앙은 지구적인 차원에서 인간의 특성이며, 그것의 덜 혹은 더 완성된 사례들이 인류 역사 전체를 그 초기부터 특징지어 왔다는 것은 실증적 사실이다. 신앙은 자신의 삶에 있어서 초월적 차원을 파악하고 상징화하며 그러한 초월적 차원의 맥락에서 충실하고 풍요롭게 살고자 하는 인간의 역량인 것이다.
>
> 우리 인간들은 신앙의 외형뿐만 아니라 깊이와 풍요로움과 활력에 있어서 다양하다. 인간이기에 우리 모두는 그러한 역량 및 항상 그 안에서 성숙될 잠재력을 함께 나눈다.
>
> 인간으로서 인격적 존재가 된다는 것이 의미하는 바의 일상적이면서도 가치를 헤아리기 어려운 요소로서 신앙이 핵심적인 인간적 자질이라고 인식한다면, 신앙이 보다 잘 이해될 수 있으며, 보다 중요하게는 인간이 보

---

62) Kuk-Won Bae, *Homo Fidei; A Critical Understanding of Faith in the Writings of Wilfred Cantwell Smith and Its Implications for the Study of Religion* (New York: Peter Lang, 2003)
63) ibid., pp.141-142.

다 잘 이해될 수 있다고 나는 제안한다.[64]

곧 초월적 실재에 대한 통찰과 응답으로서의 신앙의 차원을 배제하고서 인간을 이해하고자 한다는 것은 어불성설인 것이다. 그러한 노력은 인간에게 있어서 여타 동물들과 같은 차원에서의 지식을 얻는 데는 도움이 될지 모르지만 인간 고유의 특성을 이해하는 데는 실패할 수밖에 없는 것이다.

---

64) ibid., pp.140-141.

2장 그리스도교에서의 신앙과 하느님

우리는 앞 장에서 종교를 교리체계에 대한 믿음이 아니라 초월적 실재에 대한 통찰과 응답으로 이해해야 한다는 스미스의 주장을 살펴보았다. 인류사에 있어서 대부분의 종교인들은 교리체계를 답습하며 믿는 가운데 신앙생활을 해온 것이 아니라, 그러한 교리체계를 통하여 초월적 실재에 대하여 통찰하고 그러한 통찰에 부응하는 삶을 살고자 노력해온 것이다.

스미스의 이러한 입장은 당연히 그의 그리스도교 이해에 있어서도 중심적인 역할을 한다. 그리스도교는 초월적 실재를 하느님으로 부르며 섬겨오는 가운데 형성되어온 것이다.

현대인에게 있어서 그리스도교를 이렇게 이해하는 데 주요한 방해요소가 '믿음(believing)'이라는 개념이라고 스미스는 지적한다. 스미스는 믿음 개념이 현대인에게 있어서는 그리스도교의 전통적인 신앙을 제대로 표현하지 못할 정도로 왜곡되어 있다고 비판하면서 심지어 성서에서 '믿음'이라는 단어를 모두 제거해야 한다고까지 주장한다. 본 장의 1절에서는 이러한 믿음에 대한 스미스의 비판적 이해를 살펴본다. 곧 오늘날 성서에서 '믿음'이라고 표현되어 있는 부분은 모두 달리 읽어야만 성서의 신앙적 의미를 제대로 읽어낼 수 있다는 것이다. 스미스는 이러한 연구를 통해서 성서에서의 신앙의 심층적 의미를 밝혀나간다. 본 장의 2절에서는 스미스가 성서에서의 신앙의 의미를 어떻게 읽어가고 있는가를 살펴본다. 스미스는 이러한 과정을 통하여 하느님의 의미를 새롭게 이해해 나간다. 3절에서는 스미스가 하느님을 신앙의 주체로서 보편적 구원의 하느님으로 어떻게 이해하고 있는지를 살펴본다.

1절 믿음(believing)에 대한
스미스의 비판적 연구

그가 우선적으로 주의하는 것은, 오늘날 '하느님을 믿는다'라는 표현이 매우 왜소한 표현이 되어버렸다는 것이다. 도대체 '믿는다'라는 말은 하느님에 대해서 쓰이기에는 너무나 회의적인 개념이 되어버렸다는 것이다. 가령 '나는 핼리팩스의 인구가 175,000명이라고 믿는다'라는 문장이 스스럼없이 쓰이고 있는데, 이 문장에서 '나'는 청자에게 내 말이 확실치 않으니 그 말을 그대로 받아들이지 말고 다시 한 번 실제로 확인해 볼 필요가 있다는 것을 '믿는다'라는 말을 덧붙임으로써 주의주고 있는 것이라는 점에 스미스는 주목한다. 그는 대표적인 영영사전 가운데 하나인 『랜덤하우스 영영사전』에서 '믿음'의 용례로 심지어 '지구가 평평하다는 것에 대한 믿음'이라는 문장이 들어 있는 것도 지적한다.[1] 그는 하느님을 그러한 미심쩍은 회의적 태도의 대상으로 간주하는 것은 전혀 신앙적인 태도가 아니라는 점에서 '하느님을 믿는다'라는 표현은 더 이상 하느님에 대한 신앙을 드러낼 수 없

---

1) Wilfred Cantwell Smith, *Belief and History* (Charlottesville: University Press of Virginia, 1977), p.65.

다고 이야기한다. 전통적인 하느님 신앙은 그러한 것이 아니었다는 것이다. 스미스는 다음과 같이 말한다.

"나는 하느님을 믿습니다."라는 확언이 전통적으로 의미한 것은 "하느님의 실재가 우주의 사실로서 당연한 가운데, 나는 여기에서 그분께 나의 가슴과 영혼을 바칠 것을 서약합니다. 나는 그분께 헌신적으로 충실하게 살고자 결단합니다. 나는 그분의 자비를 신뢰하며 그분께서 나의 삶을 심판하시도록 내어드립니다."이었다. 오늘날 이 문장이 상당수의 사람들에게 있어서 의미하는 바는 "현대적 삶의 사실로서 하느님이라고 하는 존재가 있는지 없는지 불확실하다는 것이 당연한 가운데, 나는 나의 의견이 '예' 쪽이라는 것을 표명합니다. 나는 하느님이 존재한다고 판단합니다."이다. 도덕적 헌신과 자신의 삶의 행위에 관해서 그 사람들은 "그리고 나는 나의 판단을 신뢰합니다."라고 덧붙일 수 있을 것이다. 어떤 사람이 하느님을 믿는다고 말하는 것이 의미하는 바는 하느님에 관한 관념이 그 사람의 마음에 있어서 가구의 일부와 같다는 것이다.2)

스미스는 이렇게 말하면서 이 두 입장 사이의 엄청난 차이를 민감하게 받아들일 수 있는 사람만이 종교적 언어를 적절하게 성찰할 수 있는 자격이 있다고 이야기한다. 곧 전통적인 신앙인에게 있어서는 하느님의 존재는 너무나 당연한 것이었으며 그 신앙에 있어서 하느님의 존재 여부는 전혀 관심거리조차 되지 않았던 것이다. 그들의 신앙에 있어서 중요한 것은 살아 계신 하느님께 충실할 것이냐 아니냐 하는 양심적 결단이었던 것이다. 그와 대조적으로 현대인들은 마치 주사위를 던지듯이 하느님의 존재 쪽에 미심쩍은 의견을 제시하고, 하느님을 살아계신 하느님이 아니라 집 안에 있는 듯 없는 듯 설치되어 있는 가구와 같이 간주한다는 것이다. 현대인에게 하느님은 도덕적 판단이나 삶의 행위에 있어서도 전혀 참고조차 되지 않는 존재로 전

---

2) ibid., p.44.

락해버린 것이다. 그러면서 상당수의 현대인들은 이러한 믿음에 의해서 구원이 있다고 상상하면서 교리체계를 믿으려고 시도하는 기괴한(grotesque) 상황을 연출하고 있다고 스미스는 질타한다.3) 스스로 확신하지도 않는 교리에 대한 반신반의하는 태도에서의 믿음으로 구원이 이루어진다고, 자신의 도덕적 삶과 무관하게 구원이 이루어진다고 하는 어처구니없는 상상을 하고 있는 것이 현대의 상당수 그리스도인들이라는 것이다.

도대체 이러한 변화는 어떻게 설명될 수 있을까? 스미스는 '믿음'이라는 단어가 수 세기에 걸쳐서 개념상의 변질을 겪게 되면서 이러한 현상이 벌어졌음을 밝힌다. 스미스는 이러한 변질이 세 가지 차원에서 일어났음을 밝히고 있는바, 첫째와 둘째는 인격적인 것에서 비인격적인 것에로의 변화이고, 셋째는 진리에서 의심스럽고 거짓된 것으로의 변화이다. 첫째는 '믿는다(believe)'라는 동사의 문법적 목적어의 변화이며, 둘째는 그 동사의 주어에서의 변화이며, 셋째는 그 어법의 상황적 맥락에서의 변화이다.4) 요컨대 스미스는 이 세 차원 모두에서 '믿는다'라는 말이 인격적 헌신과 참됨으로부터 멀어져버린 것이 오늘날의 상황이라는 것을 지적하고 있는 것이다. 곧 '믿는다'라는 말은 더 이상 인격과 인격 간의 참된 신뢰를 가리키지 않게 된 것이다.

보다 구체적으로 말하자면, '믿는다'라는 말의 목적어는 더 이상 인격적 존재가 아니라 의심스러운 명제로 되어버렸고, 그 주어는 기의 사라져가고 있으며, 그 말이 사용되는 상황적 맥락은 참되고 헌신적인 맥락이 아니라 의심스럽고 회의적인 맥락으로 되어버린 것이다.5) 이러한 상황에서 종교를 교리체계에 대한 믿음이라고 간주하는 연구자들은 아예 '믿음'이라는 단어나 그 단어의 주어에는 더 이상 주의

---

3) ibid., p.66.
4) ibid., p.45.
5) ibid., pp.45-58.

를 기울이지 않고 믿음의 대상이 되는 교리체계만을 따로 떼어내어 분석하고자 하는 데 여념이 없게 되는 것이다. 앞에서도 살펴본 바와 같이 어떤 종교적 전통이 그 전통을 산출하고 활용해온 사람들을 떠나서는 도대체 종교적 전통이라는 판단 자체가 성립하기 어렵다는 것을 고려한다면 참으로 어처구니없는 상황의 전개라고 할 수 있을 것이다. 선불교적인 용어로 말하자면, 마음에서 마음으로의 소통으로서 이심전심(以心傳心)은 사라지고 교외별전(敎外別傳)과 불립문자(不立文字)에서는 교(敎)와 문자(文字)가 그 전통의 사람들로부터 분리되어 독립적으로 연구될 수 있고 독립적으로 연구해야 하는 것처럼 여겨지게 된 것이다.

스미스는 이러한 비판적 인식하에서 이처럼 거의 유명무실화된 믿음 개념으로부터 벗어나 성서 및 그리스도교 전통의 대표적인 저술들에 있어서 인격적 신앙에 대한 재조명을 함으로써 그리스도교 전통에 대한 역동적인 이해를 이루어낸다.

2절 성서에서의 신앙

스미스는 성서에서 신앙에 해당하는 희랍어 $\pi\iota\sigma\tau\iota\varsigma$[pistis]와 $\pi\iota\sigma\tau\varepsilon\upsilon\omega$[pisteuō]를 그 어법상 4가지 유형에 따라 분석하고 있다. 곧 첫째 목적어로서 문장을 취하는 경우, 둘째 목적어로서 인격이 아닌 어떤 실재를 취하는 경우, 셋째 목적어로서 인격적 실재를 취하는 경우, 넷째 목적어가 없는 경우이다. 스미스는 성서에서 나타나는 빈도로 살펴볼 때 뒤로 갈수록 빈도가 높아지며 셋째와 넷째의 경우가 대부분을 차지한다는 것에도 유의하면서 그 의미를 고찰하고 있다.6) 곧 성서에서 가장 압도적인 신앙의 의미는 인격적 실재를 목적어로 취하거나 목적어가 없는 경우에서 살펴야 한다는 것이다. 여기에서는 그러한 분류를 그대로 따라가면서 성서에서의 신앙 개념에 대한 스미스의 이해를 살펴보기로 한다.

1) 목적어로서 문장을 취하는 경우에서의 신앙

스미스가 성서에서 목적어로서 문장을 취하는 경우에서의 신앙의 의미를 파악하는 데 있어서 가장 주목하는 부분은 신약성서의 히브리서 11장 6절이다. 그 내용은 다음과 같다.

신앙($\pi\iota\sigma\tau\epsilon\omega\varsigma$)이 없이는 그분을 기쁘게 할 수 없느니, 하느님께로 오는 자는 그분께서 계시며 그분을 부지런히 구하는 자들에게 보상하시는 분이라는 것을 $\pi\iota\sigma\tau\epsilon\upsilon\sigma\alpha\iota$ [pisteusai]해야 한다.7)

여기에서 '$\pi\iota\sigma\tau\epsilon\upsilon\sigma\alpha\iota$'는 대개 영어 성서에서는 '믿는다(believe)'로 번역되어 있다. 그러나 스미스는 만일 '믿는다'는 말을 사용한다고 하더라도 그 믿음이 맹목적이거나 불합리한 믿음이 아니라

---

6) ibid., p.46. 스미스의 조사에 의하면 '믿는다'에 해당하는 희랍어 동사형에서 목적어로서 문장이 오는 경우가 12%, 인격이 아닌 실재가 오는 경우가 12%, 인격적 실재가 오는 경우가 41%, 목적어가 없는 경우가 34%이다. 희랍어 명사형에서는 목적어 없이 나타나는 경우가 총 246회 가운데 217회로 88퍼센트에 이른다. 곧 목적어 없이 나타나는 경우가 압도적인 것이다.

7) ibid., p.78. 중요한 부분이므로 스미스의 원문을 제시하면 다음과 같다. "Without faith it is impossible to please him: for he that cometh to God must $\pi\iota\sigma\tau\epsilon\upsilon\sigma\alpha\iota$ [pisteusai] that he is, and that he is a rewarder of them that diligently seek him."

실재에 대한 통찰과 응답으로서 곧 신앙의 의미로 이해되어야 한다고 역설한다. 곧 그는 이 부분에 대하여 다음과 같이 풀이하고 있다.

> 나는 누구에게든 하느님을 인격적으로 대면한 적이 없는 사람은 하느님을 믿어서는 안 된다고 있는 힘을 다해 주장하고 싶다. 나는 성스러운 모든 존재의 이름으로 여러분에게 호소하나니, 여러분이 보는 것만을 믿어야 하며, 희미하게든 생생하게든 여러분이 그분을 보고 아는 한에 있어서, 그분께서 역사 가운데서 혹은 여러분 자신의 삶 안에서 활동하신다는 것을 식별하는 한에 있어서, 세계 안에 적어도 세계의 보다 아름다운 부분들 안에 있어서 혹은 인격적 존재들 안에서 십자가 위에서 그분께서 임재하신다는 것을 깨닫고 느끼는 한에 있어서만 하느님을 믿어야 한다.[8]

곧 '믿음'이라는 말을 쓴다고 하더라도 불합리한데도 억지로 믿어야 한다고 하는 의미에서 이 구절을 받아들이면 안 된다는 것이다. 가령 한자성어에 지록위마(指鹿爲馬)라는 말이 있다. 폭군이 사슴을 가리키며 말이라고 우기면서 아랫사람들에게 그러한 자신의 주장을 따를 것을 강요했다는 일화에서 생겨난 말이다. 이 성어에 빗대자면 하느님은 결코 그러한 폭군이 아니라는 것이다. 하느님은 우리가 깨어서 통찰하고 응답하시기를 바라는 것이지, 아무런 통찰도 없이 폭군처럼 맹목적으로 억지 믿음을 가지라고 강요하시는 분이 아니라는 것이다. 다시 말해서 하느님에 대한 통찰의 체험이 있은 후에야 응답으로서의 믿음이 의미가 있는 것이다. 곧 스미스에게 있어서 성서의 하느님은 우리에게 우선 믿음을 강요하는 하느님이 아니라 우선 깨달아지고 느껴지는 하느님이며 그런 연후에야 응답으로서의 믿음을 바라시는 하느님이다. 이러한 맥락에서 우리는 스미스의 다음과 같은 주장을 이해할 수 있게 된다.

---

8) ibid., p.79.

하느님께서 존재하신다는 것을 먼저 믿고 나서 그런 연후에야 하느님께로 오는 것이 아니라, 참된 종교적 신앙은 그것과 역행하여 나아갈 것을 요구한다는 것을 나는 주장하고자 한다. 우리는 먼저 하느님께로 와야만 하고 오직 그런 연후에야 하느님을 믿을 수 있는 것이다.

그 밖의 모든 것은 불충실한 것이고, 부정직한 것이고, 분열적인 것이니, 하느님께 불충실한 것이요, 우리 스스로에게 부정직한 것이며, 신앙 그 자체에 있어서 분열적인 것이며, 바로 이 점이 현대 교회를 혼란 속으로 내몰아온 것이다.9)

다시 말해서 하느님의 존재에 대해 확신하지도 못하면서 무조건 그 존재를 강박적으로 믿는 것은 참된 종교적 신앙이 아니라는 것이다. 하느님께로 오는 체험을 한 후에야 믿음으로 응답할 것인지 여부의 결단이 의미 있는 결단이 되는 것이다. 스스로 전혀 알지도 못하는 것에 대하여 믿는다는 것은 하느님을 기만하는 것만이 아니라 스스로를 기만하는 것이며 부정직한 것이다. 현대 교회의 상당수가 신앙의 원래 의미를 잃어버리고 맹목적인 믿음의 개념에 노예가 되어 억지 믿음을 강요하는 오류를 저지르고 있다는 것이다. 신앙은 앎보다 못한 것이 아니라 앎 이상의 것이라는 점을 스미스는 강력하게 주장하고 있는 것이다.

신조는 신앙 이후에 따라오는 것이며, 신학은 자신이 이미 지녀온 신앙, 자신이 본 비전을 자신의 시대의 맥락에서 개념화하고자 하는 정직한 인간적 시도에 지나지 않는 것이다. 이러한 시각이, 서양 사회에서 지지를

---

9) ibid. 이 부분도 스미스의 원문을 제시한다.
Rather than first believing that He exists and only then coming to Him, I would insist that true religious faith requires we proceed the other way 'round: that we must first come to Him and only then believe in Him.
Anything else is disloyal, dishonest, and disruptive. It is disloyal to Him, dishonest to ourselves, disruptive of faith itself. And it has been throwing into disarray the modern Church.

얻어온 관념 곧 신앙을 가지기 위해서는 먼저 믿어야 하는바 믿음은 우리가 지불해야만 하는 대가라고 하는 관념보다 철저하게 더 건강한 시각인 것이다. 설사 신앙에 입장료가 있다고 하더라도, 우리 현대 세계의 예민하고 정직한 영혼들이 깊이 있게 알거나 느껴왔듯이, 그 입장료는 이러한 믿음은 아닌 것이다.[10]

곧 신조나 신학은 신앙의 개념화로서 의미가 있을 뿐이며 신앙보다 강조되거나 위에 놓일 수는 없는 것이며, 신앙은 무언가를 억지로 믿은 다음에 따라오는 것이 아니다.

여기에서 스미스는 신앙을 우선 통찰(insight) 곧 보는 능력이라고 하면서 신앙에 대하여 다음과 같이 이야기한다. 다소 긴 듯도 하지만 스미스가 신앙을 얼마나 시적으로 아름답게 묘사하고 있는지를 가장 잘 느낄 수 있는 부분이기도 하다.

그것[신앙]은 아름다운 어떤 것의 아름다움을 스스로 볼 수 있는 능력이며, 정의와 부정의의 차이를 보고, 진리의 엄청난 중요성을 보며, 사랑 가운데 건네진 시원한 물 한 잔의 의미를 알고, 혹은 십자가 위에서 죽어간 한 인간의 의미를 아는 능력이다. 우리의 삶에서 그리고 우리의 이 기묘한 세계에서, 반드시 표면에서는 아니지만 바로 그 너머에서, 더 나아가 그 너머에서 무언가 보이기를 기다리고 있다는 것을 우리가 보게 된다면, 그때에 우리는 신앙을 가지고 있는 것이다. 우리가 심지어 조금이라도 본다면, 우리는 곧 더욱더 풍요로운 것이 있다는 것을 발견하게 된다. 만약 우리가 보지 못한다면, 표면 너머에서 도대체 아무것도 보지 못한다면, 그것은 삶에 있어서 지대한 비극이며, 이러한 때에는 우리는 신앙을 가지고 있지 못한 것이다. 하느님에 대한 신앙은 하느님을 보는 능력인바, 처음에는 어딘가에서, 궁극적으로는 아마도 도처에서 하느님을 보는 능력인 것이다.[11]

---

10) ibid.
11) ibid., pp.79-80.

여기에서 신앙이란 어떤 불확실한 믿음이 아니라 우리의 삶 가운데서 아름다움과 정의와 진리를 보며 의미를 파악하는 능력이고 무언가 표면의 너머에 더욱 풍요로운 것이 있다는 통찰이며 이러한 통찰에서 하느님에 대한 신앙은 시작되고 풍요로워지는 것이다. 이러한 맥락에서 스미스는 히브리서 11장 6절의 의미를 다음과 같이 풀이한다.

> 신앙이 없이는 그분을 기쁘게 할 수 없다. 그리고 누구든 그분께 가까이 오는 자는 신앙을 가져야 하는바, 하느님이 계시다는 것을 스스로 볼 수 있어야만 하며, 어떤 세속적인 것이나 이기적인 이익이 아니라 신성한 것을 추구하는 삶을 사는 이들에 대하여 그분께서 풍요롭게 보답하신다는 것을 보아야만 하는 것이다.
> 우리가 살고 있는 우주가 그 안에 신성하다고 일컬어지는 일련의 초월적 특성들을 갖고 있다는 것, 그 특성들이 우리가 추구할 수 있는 다른 어떤 것보다도 더 가치 있으며 더 보답을 준다는 것을 깨닫고 인식하지 못한다면, 누구든 그러한 가치들의 실재에 가까이 갈 수 없는 것이다. 이 것이 신앙이니, 곧 가치를 인식하는 것이다.
> 이것이 히브리서의 본문이 역설하고 있는 바이다.[12]

곧 스미스는 하느님께 가까이 가는 것이 단순히 교리에 대한 불확실한 믿음에 의하는 것이 아니라 하느님이 계시다는 것을 직접 보고 신성한 것을 추구하는 삶의 가치를 뚜렷이 인식함에 의해서라는 것을 역설하고 있는 것이다.

그러나 스미스는 곧이어 신앙이 단지 보는 것에만 그치는 것이 아님을 말한다. 신앙은 보는 데서 그치는 것이 아니라 응답으로서의 헌신으로서 온전히 이루어지는 것이다.

> 지성적 요소에 관한 한, 신앙은 인식이며 통찰이고 식별할 수 있는 역

---

12) ibid., p.80.

량이지만, 여기 히브리서에서 그리고 그리스도교 전통의 문헌 전반을 통해서 이러한 지성적 요소에 더하여 강조되는 것은 헌신의 요소이다. 스스로 가치 있다고 보는 것에 스스로를 주는 자기 참여, 곧 자신이 파악한 진리에의 적극적인 참여가 포함되는 것이다.13)

스미스의 이러한 강조는 단지 교리체계에 대한 불확실한 믿음에 의한 구원을 외치는 현대의 일부 그리스도인들과 매우 대조되는 것이다. 신앙은 불확실한 믿음이 아니라 인식이며 통찰이고 그에 더하여 그렇게 인식되고 통찰된 가치에 헌신적으로 참여하는 데에서 이루어지는 것임을 스미스는 역설하는 것이다. 이러한 점에서 스미스는 소크라테스와 바울을 다음과 같이 비교한다.

소크라테스는 선에 대한 앎은 본질적으로 그 선에 대한 추구를 포함한다고 주장했다. 성 바울(Paul)은 이에 대하여 맹렬하게 이의를 제기하는 것으로 보인다. 성 바울에게 있어서는 추가적인 어떤 것이 필수적이니 곧 신앙인 것이다. 언제나 초기 교회와 고전적인 그리스도교 전통의 관행에 있어서 신앙은 인식 더하기 응답이라는 것이 강조되어 왔음은 명확하다.14)

곧 선에 대한 앎 자체가 선에 대한 추구를 자동적으로 이끌어내는 것이 아니라는 것이 전통적인 그리스도교의 입장이라는 것이다. 우리는 선을 인식해야 할 뿐 아니라 선에 대하여 적극적으로 응답해야 하는 것이다. 여기에서 그리스도교 전통이 희랍전통에 비하여 독특성을 보이기도 하는 것이다. 다만 희랍전통이나 그리스도교전통이나 선에 대한 적극적인 추구를 모두 주장하고 있다는 점을 망각해서는 안 될 것이다.

---

13) ibid.
14) ibid.

요컨대 스미스는 목적어로서 문장을 취하는 경우에서의 신앙의 의미에 대한 고찰을 통해서 성서에서의 신앙이 단순히 믿음으로 이해되어서는 안 되며 초월적 실재에 대한 통찰과 응답으로 이해되어야만 성서가 올바르게 이해된다는 것을 강력하게 주장하고 있다고 하겠다.

2) 목적어로서 인격이 아닌 어떤 실재를 취하는 경우에서의 신앙

여기에서 스미스는 우선, 성서에서 이 경우가 목적어로서 문장을 취하는 경우보다는 통계적으로 더 빈번하며, 이 두 경우는 또한 목적어가 인격적 존재인 경우나 아예 목적어가 없는 경우보다 상당히 드물다는 것을 상기시키고서, 그 목적어가 진리인 경우와 사랑인 경우를 설명한다.15)

목적어가 진리인 경우의 사례로서 스미스가 대표적으로 제시하는 것은 데살로니카 2서 2장 13절이다. 한국 천주교 200주년 기념 신약성서에서의 원문을 인용하면 다음과 같다.

> 주님께 사랑을 받는 형제 여러분, 우리는 여러분을 두고 하느님께 언제나 감사를 드리지 않을 수 없습니다. 그것은 하느님께서 여러분을 맏물로 택하여 영에 의한 성화와 진리에 대한 믿음에서 오는 구원을 주시려 하기 때문입니다.

스미스는 여기에서 '진리에 대한 믿음'은 '진리에 대한 신앙'으로 읽어야 오늘날 보다 온전한 번역이 된다고 하는 것이다.16) 스미스는

---

15) ibid., p.81.
16) 이 부분에 있어서 개역과 표준새번역과 공동번역 등의 우리말 성서도 대개 '믿음'으

여기에서의 '진리에 대한 신앙'에 대하여 전후 문맥상 페르시아적인 이원론을 강하게 상기시키는 대립구도에서 이해해야 한다고 하면서 다음과 같이 설명한다.

> 여기에서 진리에 대한 신앙(πιστις αληθειας [pistis alētheias]은 진리를 끌어안음, 곧 우리에 대한 진리의 도도한 요구에 대하여 자기 헌신적인 충성과 결단을 하는 것을 의미한다……여기에서 이슈가 되고 있는 것은 자신의 전 인격을 포함하는, 자신의 여기 지상에서의 삶과 행위뿐만 아니라 자신의 영원한 운명을 확고하게 포함하는, 막대하고 우주적인 선택에 있어서의 결단이다.[17]

곧 여기에서의 신앙은 거듭 말하거니와 단순한 믿음이 아니라 자신의 전 인생과 운명을 걸고 선택하고 결단하는 행위인 것임을 스미스는 뚜렷이 이야기하고 있는 것이다. 스미스는 이어서 그리스도교 전통에서의 신앙에 관하여 다음과 같이 말한다.

> 우리[그리스도교]의 명시적으로 종교적인 전통에서 신앙은 하느님 곧 궁극적 실재 혹은 스콜라 신학자들이 칭하는 대로 한다면 원초적 진리(아퀴나스에 의하면 prima veritas)에 대한 한 인격적 존재의 관계이자 사랑이며 이끌림으로서, 지상에서는 천상에서의 완벽한 성취를 기다리는 관계이다. 우리 서양에서 철학적이고 학문적인 전통에서 이러한 신앙에 대응되는 것은 아직 알려지지 않은 진리에 대한 이와 같은 사랑이다.[18]

우리는 앞 장에서 인류의 신앙이 역사적 한계와 제약을 온전히 벗어

로 번역하고 있으나 新共同譯과 口語譯과 新改譯 등의 일본어 성서는 '信仰'으로 번역하고 있다. 영어 성서에 있어서는 NASB(New American Standard Bible)이 'faith' 로 번역하고 있다.

17) ibid., p.82.
18) ibid., pp.81-83.

날 수는 없다는 스미스의 언급을 보았거니와 여기에서의 스미스의 말은 그러한 지상에서의 신앙의 제약을 시사하는 것과 동시에 신앙의 대상이 우리의 앎에 대하여 언제나 초월적인 부분이 있음을 명시하는 것이다. 스미스는 이러한 진리의 초월성과 관련하여 다음과 같이 말한다.

> ……알려진 진리에 대한 사랑은 사람을 미치광이로 만들 수도 있지만 아직 발견되지 않은 진리에 대한 사랑은 그 사람을 지성인으로 만든다. 초월적 진리의 추구에 자신의 삶을 바치고, 그에 더하여 자신이 여기에서 다가갈 수 있는 진리에 일치되게 자신의 삶을 질서지우고자 도덕적으로 헌신하는 것이 희랍어 신약성서에서 가르치는 신앙($\pi\iota\sigma\tau\iota\varsigma$ [pistis])인 것이다.[19]

이러한 스미스의 주장은 도덕적 헌신에는 관심도 없고 진리에 있어서도 가시적이고 그 자체로 판단 가능하다고 간주되는 명제에 대해서만 관심을 갖고자 하는 현대의 일부 학자들의 풍조에 대한 엄격한 비판이라고 할 수도 있을 것이다.

스미스가 진리와 더불어 신약성서에서 신앙의 목적어로 주목하는 것은 사랑이다. 스미스는 요한 1서 4장 16절을 대표적 사례로 제시한다. 한국 천주교 200주년 기념 신약성서의 원문은 다음과 같다.

> 하느님께서 우리에게 주신 사랑을 우리는 알고 있고 또 믿었습니다. 하느님은 사랑이십니다. 사랑 안에 머무르는 사람은 하느님 안에 머물러 있고 하느님도 그 사람 안에 머물러 계십니다.

여기에서 '믿었습니다.'는 앞에서 스미스가 현대의 '믿는다'에 대하여 제시하는 사례들을 상기한다면 앞뒤가 맞지 않는 번역이라고 할 수밖에 없을 것이다. 우리는 하느님께서 우리에게 주신 사랑을 안 연

---

19) ibid., p.83.

후에 믿는 것이 되는 것인바, '믿는다'라는 말의 의미를 앎 이상의 것
이라고 새겨듣지 않는 한 이 문장은 어불성설이 되는 것이다.[20) 스미
스는 이와 같은 설명에 더하여 다음과 같이 말한다.

> 이 절의 뒷부분은 널리 알려져 있는 숭고한 문장이니, 곧 "하느님은 사
> 랑이십니다. 사랑 안에 머무르는 사람은 하느님 안에 머물러 있고 하느님
> 도 그 사람 안에 머물러 계십니다."이다. 이러한 절의 서두에서(앞 절들의
> "우리는 압니다", "우리는 보았습니다", "우리는 증언합니다"에 이어서)
> "우리는 하느님께서 우리에 대하여 가지고 계신 사랑을 알게 되었습니다"
> 라고 확언하면서 $\pi\varepsilon\pi\iota\sigma\tau\varepsilon\upsilon\kappa\alpha\mu\varepsilon\nu$ [pepisteukamen]을 덧붙이고
> 있는 것인바, 이것은 우리가 응답으로써 그러한 사랑의 맥락에서 살고자
> 우리 스스로를 헌신해왔다는 것을 의미하는 것이다. 우리는 그러한 사랑
> 을 알고 있을 뿐만 아니라, 더 나아가 받아들이고, 우리 스스로를 그러한
> 사랑에 내어주며 이제부터는 그와 일치되게 우리의 삶을 정향한다는 것이
> 다. 이것은 선하다고 스스로 알고 있는 바의 맥락에 따라 살고자 하는 결
> 단 혹은 역량인 것이다.[21)

이러한 설명에서 스미스는 더욱 설득력 있게 성서에서의 신앙이 단
순한 믿음이 아니라 스스로 선하다고 알고 통찰하는 바에 대한 적극
적인 응답으로 이해되어야 한다는 것을 이야기하고 있다고 하겠다.

3) 목적어로서 인격적 실재를 취하는 경우에서의 신앙

당연한 이야기라고 할 수 있겠지만, 스미스에 있어서 인격적 실재
는 하느님과 그리스도까지 포함한다. 스미스는 인격(person)이라는 말

---

20) ibid., p.84.
21) ibid.

과 개념이 서양에서 널리 확산되어진 것 자체가 대개 삼위일체 교리로부터라고 이야기한다. 스미스가 인격의 범주에 하느님(God)과 그리스도까지 포함시키는 것은 이런 면에서는 당연한 것이다. 스미스는 그러한 범주화를 혹자는 비유적이라고 느끼고 싶을지도 모르겠다고 하면서도, 오히려 그 역으로 보아야 사태의 진실을 볼 수 있다고 한다. 스미스는 다음과 같이 말한다.

> ……인격(person)이라는 개념은 형이상학적인 개념으로서(역사적이고 논리적인 양 차원 모두에서) 우선적으로 하느님에게－특히 아들로서의 하느님에게이지만 또한 아버지로서이자 성령으로서의 하느님에게－고유한 것인데, 서양문명에서 비유적인 차원에서 사람들을 인격(person)이라고 보게 된 것이다. 곧 우리가 서로를 인격적 존재로 파악한다는 것은, 서로의 외면적 형태와 행위의 경험적 외관 배후에 있는 초월적 자질, 궁극적으로는 하느님의 모상을 인식하는 데서 야기되는 것이다.[22]

달리 말하자면 그리스도인들이 인격적(persoanl) 하느님을 섬긴다는 것은 외부인들이 쉽게 말하듯이 유치한 하느님을 섬긴다고 이해되어야 하는 것이 아니라, 적어도 인간의 초월성에 대한 그리스도인들의 통찰을 제대로 이해해야만 비로소 이해될 수 있는 것이다. 이러한 맥락에서 스미스는 신약성서에서 우선적으로 신앙의 초점이자 그 새로운 개념화에서 중심이 되는 인격적 존재는 당연히 그리스도라고 하면서 그 의의를 다음과 같이 이야기한다.

> 그리스도인들의 운동은 예수가 그리스도라는 믿음(belief)을 가진 사람들의 집단으로서 흥기한 것이 아니라, 인류 역사상 새로운 인식이 솟구쳐 오르면서 흥기한 것이다. 곧, 인류가 무엇일 수 있으며 도대체 어떠한 것인가에 대한 돌연히 새로운 인식, 이전에 신성하다고 불리어 왔던 것이

---

22) ibid., p.85.

무엇을 의미하는 것으로 이해될 수 있고 이해되어야 하는가에 대한 새로운 통찰의 새벽이 동터오면서 그 운동은 흥기한 것이다. 하느님이 그저 지성소에 높이 고양되어 계시는 것이 아니라, 한 작은 마을의 목수로 오셨다는 인식, 자기 자신과 자신의 이웃들과 프롤레타리아들과 술주정뱅이를 포함해서 인간의 가능성에 대한 새로운 인식에서 그리스도인들의 운동은 흥기한 것이다.[23]

곧 스미스는 그리스도 예수를 하느님으로 체험하는 그리스도인들의 인식에서 인간의 가능성에 대한 놀라운 통찰이 이루어졌음을 발견하는 것이다. 그것은 어떤 특정한 인물의 신성에 대한 '믿음'에 그치는 일이 아니라 그 인물에 대한 체험을 통해 인류의 가능성에 대한 새로운 통찰이 이루어지는 사건이었던 것이다.

스미스는 또한 '인격'(person)이라는 개념이 희랍적 용어를 사용한다면 이상적인(ideal) 차원의 개념이며 팔레스타인적 용어를 사용한다면 신성한(divine) 차원의 개념이지 실증적 차원의 개념이 아니라는 것을 상기시키면서, 다음과 같이 말한다.[24]

우리가 달리 어떻게 참된 인격(a real person)을 이루어가는 것에 관하여 혹은 비인격화하는(depersonalizing) 힘들 등에 관하여 거론할 수 있겠는가? 우리가 달리 어떻게 우리에게 그리고 서로에게 우리가 생각하는 것을 넘어서고 우리가 육안으로 마주칠 수 있는 것을 넘어서는 더 나은 어떤 것이 있다는 것을 알 수 있겠는가?[25]

곧 스미스는 인격(person)이 단순히 현실적 차원의 가시적 인간을 가리키는 실증적 개념이라면 참된 인격을 이루어가는 것에 대해서 이

---

23) ibid., p.87.
24) ibid., p.88.
25) ibid.

야기하거나 도대체 비인격화하는 힘들에 대하여 이야기하는 것이 불가능하다는 것을 지적하고 있는 것이다. 곧 스미스는 인격이 우리로 하여금 세속적 차원을 초월하도록 해주는 개념임을 힘주어 이야기하고 있는 것이다.

4) 목적어가 없는 경우에서의 신앙

스미스는 우선 이 경우가 신약성서에서 가장 빈번한 패턴이라는 것을 상기시킨다. 스미스에 의하면, 희랍어 신약성서에서 신앙의 명사형 πιοτις [pistis]는 246회 나타나는 가운데 217회 곧 88퍼센트에 있어서 목적어를 취하지 않으며, 동사형의 경우에는 그 퍼센트가 훨씬 낮아서 3분의 1을 약간 넘지만 여전히 인상적이라고 할 수 있다. 신약성서에서 신앙은 명시적으로 어떤 대상에게 지향되어 있지 않은, 그 자체의 어떤 자질 혹은 활동으로 제시되는 것이 일반적인 것이다.[26]

스미스는 그러한 경우들도 그리스도에 대한 신앙을 의미한다고 곧바로 외칠 현대인들이 많을 것이라고 예견하고, 그럴 가능성이 충분히 있다는 것도 인정한다. 그러나 스미스는 현대인들이 신앙을 그 목적어의 맥락에서 정의하는 데 너무 길들여져서 거기에 관여된 사람들에게 무엇이 일어나고 있는지에 대해서는 초점을 맞출 능력을 거의 잃어버렸다고 한탄하며 다음과 같이 말한다.

초기 그리스도인들을 "믿는 이들(believers)"이라고 부르면 우리의 마음은 자동적으로 그 사람들 밖의 어떤 대상으로 지향되어버린다. 다시 말해서 신앙이라는 것이, 무엇이 그것을 자아내건 혹은 무엇이 그것의 초점이 되건 간에, 핵심적으로 변혁적인 인격적 체험일 수 있으며 역사적으로 확

---

26) ibdi, pp.89-90.

실히 그러한 체험이었다는 것을 생각하지 못하게 되어버리는 것이다. 신약성서 본문은 몇몇 현대 신학 혹은 종교적 삶에 대한 우리의 최근의 사고방식보다는 더 이러한 사실에 중점을 둔다.[27]

곧 스미스는 거듭해서 사람을 배제하고 믿음의 대상에만 초점을 맞추고자 하는 현대의 그릇된 경향을 질타하고 있는 것이다. 그 대상이 어떠한 대상이건 신앙 그 자체가 어떠한 체험인가에 주의를 기울여야 하는 것이다. 스미스는 다음과 같이 힘주어 말한다.[28]

우리는 누군가를 사랑함이 없이는 사랑할 수 없다. 그럼에도 불구하고 "그는 사랑에 빠져 있다"는 생생한 표현이 되기에 손색이 없다. 성 바울은 고린도 전서 13장에서 총칭적으로 사랑에 대한 찬가를 쓸 수 있었으며, 우리는 기꺼이 그에게 동의한다.

우리는 어떤 것을 두려워함이 없이 두려워할 수는 없다. 그럼에도 불구하고 심리치료자는 불안강박증에 걸린 사람들에 관하여 이야기한다. 우리는 갑 혹은 을 혹은 병을 신뢰하지 않고서는 신뢰할 수 없지만, 그럼에도 불구하고 신뢰의 역량을 스스로의 인격적 자질로 갖고 있는 신뢰심 깊은 사람들이 있다.

나는 신앙이 용기나 충실함과 같이 인간적 덕목 가운데 하나이며 우리가 인간의 종교적 삶을 이해하고자 한다면 그렇게 보는 법을 다시 배워야 한다고 역설하고 있는 것이다.[29]

종교인의 마음의 태도에 대해서는 전혀 관심을 두지 않고 그 대상에 대해서 피상적 주의만을 기울이는 종교연구자들이 특히 유념해서

---

27) ibid., pp.90-92.
28) ibid., p.92. 스미스는 여기에서, 스스로 이슬람 전통의 종교적 삶을 연구하면서 가장 풍요롭고 효율적인 접근은 인간의 응답에 주의를 기울이는 것이며 상징들의 의미는 그 자체 안에 있는 것이 아니라 그것들을 의미 있게 여기는 사람들을 통해서만 접근할 수 있다는 것을 배우게 되었다고 한다. ibid.
29) ibid.

읽어야 할 대목이라고 할 수 있을 것이다. 대상이 없는 신앙이 없다고 할 수 있어도 어떤 대상에 의해서 신앙이 좌우된다기보다는 어떠한 대상에 대해서건 어떠한 신앙을 갖느냐가 더 중요한 이해의 초점이 되어야 하는 것이다.

스미스는 오늘날 한탄스럽게도 이러한 신앙에 대조되는 정반대의 것이 더욱 친숙해지고 있다고 하면서, 하지만 그것이 우리가 신앙을 보다 잘 이해하는 데 있어서 유감스러우면서도 중요한 길을 제공해준다고 이야기한다. 그 정반대의 것이란 곧 허무주의(nihilism)이다. 그는 다음과 같이 말한다.

> 신앙이 통찰 더하기 헌신이라면 신앙의 결여란 피상성 더하기 아노미(anomie)이다. 신앙이 가치를 인식하고 그 가치의 맥락에서 살고자 하는 역량이라고 한다면 불신앙……곧 신앙이 없는 삶이란 그 어떤 것에 대해서도 믿음(believing)이[30) 없는 무력함이다. 신앙이 확신과 신뢰라고 한다면 신앙의 결여는 불안이다. 신앙이 인격의 통합과 온전함이라고 한다면 신앙의 부재는 우리의 세속적인 시대에서 자아해리(自我解離 ego-diffusion)라는 명칭을 부여받아왔다.[31)

우리는 이러한 스미스의 설명에서 신앙이 그 대상이 무엇이냐에 개의치 않으면서도 특히 오늘날의 불신앙 풍조와 대조되어 충분히 이해될 수 있다는 것을 보게 된다.

스미스는 신앙이 이처럼 보편적 자질 실로 어떤 면에서는 궁극적인 인간적 자질이라고 할 때 신약성서를 새로운 빛 안에서 다시 읽을 수 있게 된다고 한다. 그는 다음과 같이 말한다.

---

30) 스미스는 아마도 이 경우가 믿음(believing)이라는 단어를 사용해도 좋을 유일한 경우이리라고 이야기한다. ibid., p.93.

31) ibid.

그리스도는 사람들이 신앙을 가질 수 있도록 하기 위하여 오셨다.(곧 그분은 신앙의 대상일 뿐만 아니라, 심지어 신앙의 대상이라기보다는, 우리의 신앙을 이끌어내시고 완성시켜주시는 분으로 나타나는 것이다.) 그리스도가 초기 교회에서 중요했고 초기 교회가 지중해 세계에서 그리고 나중에는 유럽에서 중요한 운동이었던 것은, 그리스도를 통하여 그리고 성사를 통하여 그리고 이 운동을 통하여 사람들이 진실로 신앙을 발견했기 때문이다.[32]

우리는 신앙이 인격적 자질이라는 스미스의 거듭되는 주장에 비추어 이 말을 충분히 이해할 수 있게 된다. 사람들은 그리스도와의 만남을 통하여 자신과 이웃과 자신이 사는 우주에 대한 신뢰를 얻으며 그 초월성을 인식해온 것이다. 이러한 맥락에서 스미스는 디모테오 1서 4장 10절의 내용을 "살아계신 하느님……모든 사람의 구원자이시며, 특히 신앙을 지닌 사람들의 구원자이시라.(The living God……is the Saviour of all men; especially of those who have faith)"라고 번역하고 있다. 곧 하느님은 자신에 대한 믿음을 가진 자들을 구원하시는 분이라기보다는 사람들에게 보편적인 인격적 자질로서 신앙을 일깨우고 그러한 신앙을 통하여 사람들을 구원으로 이끄시는 분인 것이다.

3절 신앙의 주체로서의 하느님

스미스는 신앙에 대한 새로운 성찰 속에서 성서를 생생하게 읽어내면서 하느님에 대해서도 단순히 별개의 객체로 대상적으로 이해하는

---

32) ibid.

수준을 넘어설 것을 촉구한다. 곧 하느님은 우리에게 있어서 일개 존재자들 가운데 하나로서의 대상이 아닌 것이다.

이러한 맥락에서 스미스는 성 바울로가 '그리스도 안에서($\acute{\epsilon}\nu$ $X\rho\iota\sigma\tau\omega$ [en Christōi], in Christ)'라는 어법을 사용하는 것에 대하여 각별한 주의를 기울인다. 곧 '그리스도'를 단순히 목적어로 사용하는 것이 아니라 ($\acute{\epsilon}\nu$ [in])이라는 전치사를 넣고 있는 것에 스미스는 유의하는 것이다. 스미스는 다음과 같이 말한다.

> 예컨대, 성 바울로는 에베소서에서 신앙의 사람들을, 이전에는 그리스도 밖에 멀리 있었다가 이제는 그리스도 안에 있는 사람들로 이야기한다 (에베소서 2:12-13). 확실히 이른바 성 바울로의 '그리스도 신비주의'는 신앙인을, 오늘날의 상당수의 사람들이 외부적 '대상(object)'에 대하여 마주보는(vis-à-vis) 인간의 신앙을 상정하는 데서 함의되어 있는 주체 / 객체의 거리두기보다는 훨씬 덜 대립적인, 합일 안에서 초월적인 그리스도를 포함하여 하느님과 관계 맺고 있는 것으로 묘사하고 있다. 이것은 믿음(believing)의 대상(object)과의 관계에서 믿음(believing)을 상정하는 대부분의 현대인들과는 확실히 상당히 거리가 있는 것이다. 성 바울로에게 있어서, 사람들은 신앙을 통하여 '그리스도 안에' 있고, 그리스도는 신앙을 통하여 그들 안에 있다.[33]

곧 스미스는 믿음의 개념이 대상에만 초점을 맞추도록 하는 데에서 문제가 있듯이 신앙에 있어서도 그러한 문제가 있을 수 있다는 것에 대하여 경계하고 있는 것이다. 하느님을 외부의 대상으로 파악하는 것은 바람직하지 않다는 그의 입장은 다음과 같은 그의 말에서 더욱 뚜렷하게 나타난다.

> 신앙이 인간과 하느님 사이의 관계에 대한 명칭이라고 하더라도(이것은

---

33) ibid., p.94.

확실히 신앙의 신비를 언어로 표현하고자 하는 데 있어서 하나의 강력한 길이지만), 그 관계를 하나의 주체(subject)와 별개의 객체(object) 사이의 관계로 상정하는 것은 매우 지나친 혁신임을 인식할 필요가 있다. 이러한 종류의 관계적인 인격신론적 언어를 사용한다면, 그 관계를 하느님이 주체인 양자 사이의 관계로 상정하는 것이 낫지 않을까? [그러나 그렇다고 하더라도 역으로 인간은 그 객체로 된다고 생각하는 것은 오류일 것이다. 오히려 인간은 신앙 안에서 공동 주체(co-subject)로 된다.]

달리 표현한다면 하느님은 처소격(locative)이니, 신앙은 하느님 혹은 그리스도인들에게 있어서는 그리스도 안에서 발생하는 인격적 자질 혹은 인간적 상황이다.[34]

스미스는 하느님을 별개의 객체로 보는 것이 그리스도교 전통에서도 상당히 이질적이고 지나친 혁신임을 지적하고 있는 것이다. 신앙의 주체로서의 하느님, 그렇다고 해서 인간을 객체로 만드는 것이 아니라 인간과 공동 주체로서의 하느님을 스미스는 주장하고 있는 것이다.

4절 보편적 구원의 하느님

스미스에게 있어서 이러한 하느님은 또한 보편적 구원의 하느님이다. 그는 다음과 같이 말한다.

그리스도가 계시하시는 하느님은 자비와 사랑의 하느님이시고, 자비와 연민 가운데 모든 곳의 모든 남자와 여자에게 다가오시는 분이시며, 죄인의 참회에 기뻐하시는 분이시고, 기꺼이 구원하시는 분이시다. 이렇게 말

---

34) ibid., p.95.

하는 것이 그리스도교 신학자들의 일부 인위적 교설과 모순된다는 것을
인정하지만, 이와 달리 말하는 것은 그리스도의 핵심적 계시와 모순된다.
성 바울로 혹은 그 어느 누구라도 그리스도인들만이 구원될 수 있다고 생
각했거나 생각한다면 오류를 범한 것이다. 그리스도와 그리스도를 통하여
신앙을 나에게 주신 하느님이 그러한 신성모독적인 교설을 믿는 것으로부
터 나를 벗어나게 해주신다.[35]

곧 스미스는 보편적 자비와 사랑의 하느님을 강력하게 역설하고 있
는 것이다. 심지어 사도 바울로조차도 구원을 그리스도인들만의 특권
이라고 생각했다면 오류를 범한 것이라고까지 이야기한다. 그리고 그
는 오늘날이 바울로의 시대와 다른 시대이며 다른 이해를 요청한다는
것을 다음과 같이 이야기한다.

> 성 바울로는 실제로 그리스도에 대한 신앙(faith in Christ), 그리스도를
> 통한 하느님에 대한 신앙(faith in God through Christ)이 구원이라고 보았
> 고 선포했다는 점에서 옳았다.[36] 하지만 성 바울로는 붓다(Buddha)에 대
> 한 신앙이나 이슬람적 패턴들을 통한 하느님에 대한 신앙에 관해서는 들
> 은 적이 결코 없다. 이러한 것들에 관하여 듣고 상당히 알게 된 그리스도
> 인들은, 하느님께서 신앙의 그러한 형태들을 통하여서도 구원하신다는 사
> 실에 대하여, 역사 안에서 활동하시며 모든 사람들에게 다가가시면서 사
> 랑하고 포용하시는 구원의 하느님에 관한 그리스도적 비전을 확증해주는
> 것이라는 점을 그리스도인으로서의 기쁨과 환호로 긍정해야 한다.[37]

곧 타 종교전통을 통해서 신앙이 형성되어 왔다는 것을 오히려 하

---

35) Wilfred Cantwell Smith, *Towards a World Theology: Faith and the Comparative History of Religion* (Philadelphia: The Westminster Press, 1981), p.171.

36) Wilfred Cantwell Smith, *Belief and History* (Charlottesville, University Press of Virginia, 1977), pp.94-95 참조.

37) Wilfred Cantwell Smith, *Towards a World Theology: Faith and the Comparative History of Religion* (Philadelphia: The Westminster Press, 1981), p.171.

느님의 보편적 사랑을 확증해주는 것으로서 적극적으로 기쁘게 받아들여야 하는 것이 그리스도인으로서 마땅한 것임을 스미스는 뚜렷이 이야기하고 있는 것이다. 이러한 의미에서 스미스는 하느님을 그리스도인들만을 구원하는 편협한 하느님으로 인식하는 태도에 대하여 다음과 같이 질타한다.

> 하느님이 다른 사람들을 돌보시지 않거나 그들을 구원하실 경로를 전혀 생각하시지 않았다는 것이 드러난다면, 하느님에 관한 우리의 그리스도적 이해는 오류인 것으로 판명된다. 실제로 최근 한 세기여 동안 교회 내의 많은 사람들이 이러한 판단을 택한 것 같으니, 그에 따라 교회의 상당히 많은 구성원들이 그리스도교의 그러한 가르침은 실로 오류임에 틀림없다고 판단하면서 떠나갔다.38)

곧 근대에 있어서 그리스도교의 잘못된 배타적인 교리가 그 전통 자체가 상당수의 사람들에게 버려지게 하는 문제를 낳았다는 것이다.

스미스는 세계사를 통하여 구원하시는 하느님에 관하여 다음과 같이 힘 있게 이야기한다.

> 신앙은 보편적인 인간적 자질이다. 그리고 세계종교사는 반항적이고 죄악으로 물들어 있지만 응답이 없지는 않은 남자들과 여자들에게 하느님께서 사랑 속에 창조적이고 영감적으로 대해오신 것에 관한 기록이다.
>
> 하느님께서는 그리스도의 죽음과 부활을 통하여, 교회의 구성원 됨을 통하여, 성사들을 통하여, 그리스도교 교회의 신화들과 의례들과 미술과 음악과 신학과 영고성쇠하는 역사를 통하여 그리스도인들을 구원해오셨다. 하느님께서는 붓다(Buddha)의 가르침을 통하여, 붓다의 인격에 대한 상상적 회상을 통하여, 경전과 사원과 아마도 특히 뛰어나게 강력하고 고아한 불상(佛像)들을 통하여, 그리고 혁신적인 남자들과 여자들이 세계의 다양한

---

38) ibid.

지역에서 점증하는 불자들의 운동과정에 도입해온 추가적 기여들을 통하여 불자들을 구원해오셨다. 하느님께서는 그리스도인들이 상당히 오해해온 토라(Torah)를 통하여, 그리고 유대적 세부 사항들의 변화하는 복합체를 통하여, 그리고 그들에게 그리고 그들과 하느님의 관계에서 그리고 하느님 자신에 있어서 옛 것이 아닌 성서를 통하여 유대인들을 구원해오셨다. 하느님께서는 『바가바드기타』의 시를 통하여 그리고 또한 상당수의 그리스도인들에게는 기묘하게 보이지만 하느님께서는 효율적이라고 여겨지는 형상(form)들과 교설들과 건축물들을 통하여 힌두인들을 고무하고 격려하고 창조적이 되게 하며 구원해오셨다. 하느님께서는 그리스도인들이 생각하곤 했던 것보다 더욱 풍요롭게 창조적이시다. 그리고 사람들은 더욱 풍요롭게 응답해왔다. 우리가 한때 알았던 것보다 하느님께서는 인간사에 더욱 풍요롭게 참여해오셨고 사람들은 더욱 다양하게 하느님께 참여해왔다.

인간의 모든 역사는 구원사(救援史, Heilsgeschichte)이다. 옛 혹은 새로운 이스라엘의 역사만이 아니라, 모든 각각의 종교적 공동체, 곧 모든 각각의 인간 공동체의 역사가 다 그러하다.[39)]

이러한 스미스의 주장에 대해서 혹자는 이처럼 인류사를 구원사로 이끌어오는 초월적 실재를 '하느님'이라고 부르는 것에 대하여 그리스도교의 개념으로 왜 세계종교사를 포괄하려고 하느냐고 비판할 수도 있을 것이다. 이러한 입장에 대해서도 스미스는 개방적이다.

예컨대 우선 산스크리트 곧 힌두 전통에서의 우주 이해에 있어서 '하느님(God)' 너머의 비인격적 절대 실재로서의 신성(Godhead)과 인격적인 지고의 실재로서 인격신론자들이 의식적으로 스스로를 헌신하는 하느님(God)에 대하여 각각 중성형 어휘(Brahman)와 남성형 어휘(Īsvara)가 별도로 있으며, 여신으로서의 하느님(Goddess)에 대하여는 또 다른 어휘가 있다. 또한, 현대 영어에 있어서는 하느님(God)이 남성(He)과 여성(She)과 중성(It) 가운데 어느 것으로 불리어야 할지에 관한 문제가 있는 반면에,

---

39) ibid., pp.171-172.

프랑스어와 같은 인근 언어와 히브리어 및 아랍어에서 곧 그 언어로 사고
하는 많은 그리스도인들과 유대인들 및 무슬림들에게 있어서는 하느님에
관하여 혹은 그 밖의 어떤 것에 관하여 이야기할 때 남성형(He)과 중성형
(It) 사이에 직접적 구분이 전혀 없다. 페르시아어나 중국어에 있어서는
남성형(He)과 여성형(She) 사이에 전혀 구분이 없다.[40]

곧 스미스는 초월적 실재에 대하여 문화권마다 다양한 어법이 있으
며 그러한 어법들이 적극적으로 논의되는 것에 대하여 온전히 개방적
인 태도를 보이고 있는 것이다. 그는 심지어 '하느님'이라는 개념이
보편적으로 초월적 실재를 가리키는 데 제한이 클 수 있다는 것에 대
하여서도 적극적으로 수용한다.

만약 우리가 공간이 아니라 시간에 따른 차이를 고려한다면, 오늘날 많
은 사람들에게 있어서 '하느님(God)'은 우주적 함의보다는 인격신론자들의
특수주의적 개념을 지칭하는 방향으로 변천되어 왔기 때문에 이제는 '초월
(transcendence)' 개념에 오히려 더 안정감을 느끼는 사람들이 상당수 있다
는 것에 유의해야 한다……이 단어를 좋아하지 않거나 이해하지 못하는 독
자들이 있다면 '하느님(God)'이라는 용어를 '초월적 실재(transcendent
reality)', 혹은 자신이 가치 있다고 인식하는 것들의 초월적이면서 통일적
인 기반이 되는 어떤 것, 혹은 궁극적 진리와 아름다움과 선(善) 그리고 그
와 같은 그 밖의 다양한 것들 어느 것으로든 교체해서 읽기를 요청한다.[41]

곧 스미스는 그리스도교의 우월적 배타성을 고집하기 위해서 '하느
님' 개념을 사용하는 것이 아니라는 것을 알 수 있다. 그는 심지어
그리스도교는 물론이고 예수 그리스도의 역사적 한계에 대해서도 겸

---

40) Wilfred Cantwell Smith, "Theology and the World's Religious History," *Towards a
   Universal Theology of Religion*, ed. Leonard Swidler (New York: Orbis Books, 1987),
   p.52.
41) ibid.

허하게 수용한다. 그는 그리스도교 신학이 그리스도 안에서 하느님이 온전히 계시되었거나 계시된다고 주장하는 것이라든지 혹은 더 나아가서 그리스도 안에서만 하느님이 온전히 계시되었다고 주장하는 것에 대하여 비판하면서 다음과 같이 확언한다.

> 나에게 있어서 그리고 내가 만났거나 나의 역사적 연구를 통해서 발굴해온 그 어떤 사람에 있어서도 하느님은 예수 그리스도 안에서 완전히 계시되지는 않았다.42)

이것은 인간의 신앙에 있어서 역사적 한계를 인정하는 스미스의 입장과 일맥상통하는 것이다. 이것은 또한 불교에서 고타마 붓다에 관하여 무여의열반(無餘依涅槃)과 유여의열반(有餘依涅槃)을 구분함으로써 붓다의 역사적 삶에 있어서는 역사적 제한이 있을 수밖에 없음을 인정하는 것에도 비견될 수 있겠다.

스미스는 이러한 입장에서 자신이 그리스도 중심적이라기보다는 하느님 중심적이라는 것을 거리낌 없이 이야기한다.

> ……나의 제인은 당당하게 하느님 중심적이다. 니의 제안에 여러 기지 오류가 있을 수 있지만 적어도 이것만은 미덕이다. 그리스도교 사상은 최근 수세기에 있어서, 특히 20세기에 있어서 하느님에 관한 시야를 너무나 철서하게 상실해왔고, 성령에 관해서도 그러해왔나……나른 종교적 공동체들이 혹은 나아가 그러한 공동체들에 대한 연구가 그리스도교 교회로 하여금 그 하느님 중심성을 회복하는 데 도움을 줄 수 있다면 좋겠다…… 그리스도인들이 자신들의 삶에서 그리스도가 중심이라고 고수한다고 하더라도 이제는 하느님이 우주의 중심이라는 것을 재발견할 때가 되었다. 나에게 있어서 하느님은 죽지 않았다. 성자(the Son)의 기적은 그분께서 성

---

42) Wilfred Cantwell Smith, *Towards a World Theology: Faith and the Comparative History of Religion* (Philadelphia: The Westminster Press, 1981), p.175.

> 부(the Father)의 영광을 보도록 해 오셨다는 것이며, 그분께서는 은총을 통하여 나로 하여금 그 영광을 보고 받아들이며 그 안에서 살 수 있도록 해 오셨다.[43]

여기에서 스미스가 그리스도인만의 하느님을 이야기하는 것이 아님은 자명하다. 그는 세계의 종교적 공동체들의 상호 이해를 통하여 하느님 중심적인 신앙의 회복을 외치고 있는 것이다. 그리스도는 하느님의 영광을 드러내는 데 있어서 의미가 있다는 것을 그는 뚜렷이 이야기하고 있는 것이다.

요컨대 스미스는 초월적 실재에 대한 통찰과 응답으로서의 신앙 개념을 뚜렷이 이야기하는 가운데 그러한 신앙의 주체로서 보편적 구원의 하느님을 초월적 실재로서 기술하고 있는 것이다.

---

43) ibid., p.177.

3장 불교에서의 신앙과 다르마[*]

　우리는 앞에서 종교를 초월적 실재에 대한 통찰이자 응답으로서 이해해야 한다는 스미스의 주장을 살펴보았으며, 또한 그러한 시각에서 스미스가 그리스도교에서의 신앙과 하느님을 보편적 언어로 이해해가는 과정을 살펴보았다. 본 장에서는 그러한 시각에서 스미스가 불자들의 신앙에 있어서 다르마의 의미를 어떻게 이해하고 있는가를 살펴보고자 한다.

　스미스의 이러한 고찰을 살펴보는 데 있어서도 우리는 우선 그가 신앙과 믿음을 구분한다는 것을 유념할 필요가 있다. 곧 스미스는 불교를 단순히 교리체계로서 피상적으로 접근하는 것이 아니라 불자들의 신앙에서 심층적으로 이해해가는 것이다. 곧 1절에서는 불교를 단순히 교리적 믿음의 차원에서 무신론이라고 하는 것의 피상성에 대한 비판과 함께 불교를 신앙적 차원에서 스미스가 어떻게 접근해 가는지를 살펴본다. 2절에서는 그러한 구분에 따라서 불교를 믿음체계의 차원만이 아니라 다차원적으로 바라볼 때 종교적 운동으로서 바라볼 수 있다는 것을 살펴본다. 3절에서는 불교가 그러하다면 무신론적 종교인가를 되짚어보는 스미스의 관점을 살펴본다. 여기에서는 무신론이라는 이해가 매우 피상적인 이해이며 불교를 무신론을 넘어서 이해할

---

* 본 장은 1996년도 대우재단 장학연구비 지원에 의한 논문으로 『보조사상』 10집(보조사상연구원 편, 서울: 불일출판사, 1997)에 실렸던 "다르마와 하느님: 캔트웰 스미스의 불교 이해"를 수정 및 보완한 것임.

수 있다는 것을 알게 될 것이다. 4절에서는 불교에서 그리스도교의 하느님 개념에 상응하는 개념으로서 다르마를 어떻게 이해할 수 있는가를 살펴본다. 5절에서는 이러한 스미스의 다르마 이해가 어떻게 평가될 수 있는지를 정리해본다.

1절 유신론과 무신론의 신앙적 함의

스미스가 불자들의 다르마와 관련하여 언급하기에 앞서서 먼저 환기시키는 것은 서구에 있어서 이제는 더 이상 하느님을 믿느냐 여부가 근본적인 종교적 문제로서 널리 회자되지 않게 되었다는 사실이다. 곧 어떤 종교의 믿음체계 곧 교리체계 안에 '하느님'이 있느냐 없느냐를 단순히 형식적으로 따지는 식의 종교연구는 근대 서구에서 최근의 짧은 기간 동안만 유행했던 것이며 이미 그 유행은 물러가고 있다는 것이다. 곧 스미스는 교리체계에 대한 피상적 연구의 단계가 극복되어가고 있는 것에 안도하고 있는 것이다.[1]

그렇다면 현재 서구에 있어서 종교적 탐구의 중심적 관심사는 무엇인가? 우선 스미스가 주목하는 것은, 하느님을 믿느냐 여부가 아니라, 하느님을 믿는다는 것이 무엇을 의미하는가로 문제의식이 전환되었다는 점이다.[2] 곧 믿음의 대상이 하느님이냐 아니냐 하는 흑백논리적이고 단순한 피상적 질문에서 믿음이라는 것의 심층적 의미를 추구하는

---

1) Wilfred Cantwell Smith, "Religious Atheism? Early Buddhist and Recent American," *Comparative Religion: The Charles Strong Trust Lectures 1961-1970*, ed. John Bowman (Leiden: E. J. Brill, 1972), p.53.
2) ibid.

쪽으로 문제의식이 전환된 것이다.

그러나 스미스의 입장에서는 이러한 질문도 그다지 건전한 것은 아니다. 아직도 교리체계에 대한 믿음의 차원에서 벗어나지 못하고 있는 것에 스미스는 만족하지 못하고 있는 것이다. 그는 한 걸음 더 나아가서 혹은 다른 방향으로 전환해서, "하느님에 대한 신앙을 지닌다는 것은 무엇을 의미하는가, 혹은 보다 개방적으로 말해서 종교적 신앙을 지닌다는 것은 무엇을 의미하는가?"를 묻는 것이 우리의 질문을 보다 참되게 제기하는 것이라고 주장한다.3) 다시 말해서 인격적 자질로서의 신앙 그 자체에 대하여 관심의 초점이 모아져야만 종교에 대한 올바른 이해가 가능하다는 것이다.

곧 스미스는 하느님에 대한 '믿음'과 하느님에 대한 '신앙'을 구별하고 또한 '하느님에 대한 신앙'과 '종교적 신앙'을 구별해서 이야기하고 있으며, 후자로 갈수록 더 참된 질문이 된다고 강조하고 있다. 하느님에 대한 '믿음'이 아니라 '신앙'이 초점이 되어야 하며, 더 나아가서 신앙 자체가 초점이 되어야 한다는 것이다. '하느님에 대한 믿음'을 따지는 것이 믿음을 무의미하게 만들면서 믿음의 대상의 존재 여부에만 초점을 맞추는 우를 범하기 쉽듯이, '하느님에 대한 신앙'은 아직도 신앙 자체가 아니라 신앙의 대상에만 초점을 둠으로써, 신앙에 대한 이해를 간과하기 쉬운 것이다. 이것은 곧, 우리가 이해해야 할 것이 직접적으로 믿음이나 신앙의 대상 자체가 아니라, 인간의 마음 안에서 발생하는 신앙이어야 한다는 것이다.4) 설령 우리의 관심이 하느님 자체라고 하더라도, 우리는 신앙이라는 경험을 통하여 하느님을 이해하는 것이라는 점에서 신앙이 우리의 이해에 있어서 우선적인 초점이 되어야 한다는 스미스의 주장은 당연하다고 하겠다.

---

3) ibid.

4) 이러한 입장은 그가 『종교의 의미와 목적』이라는 저서에서 뚜렷하게 밝힌 바이기도 하다.

이러한 주장에 있어서 우선 스미스는 신앙이 오늘날에 있어서 그 의미가 거의 약화되면서 심지어 회의주의적 뉘앙스까지 풍기고 있는 믿음과는 결코 같은 것이 아니라는 점을 확언한다. 신앙은 더 풍요롭고 더 깊고 더 인격적인 어떤 것으로서 살아가는 데 있어서의 자질이라는 것이다. 이러한 맥락에서 스미스는 무신론자에 대한 다음과 같은 다소 시적인 정의를 언급한다.

> 누군가 이야기하기를, 유일하게 진정한 무신론자란, 아무도 사랑하지 않고 누구에게도 사랑받지 않으며, 진리에 전혀 관심이 없고 아름다움을 알아보지 못하며, 정의(正義)를 전혀 추구하지 않고 용기나 기쁨을 전혀 알지 못하며, 아무런 의미도 발견하지 못하고 모든 희망을 잃어버린 사람이다.[5]

이 정의는 무신론자에 대한 정의이기도 하지만, 신앙의 부재에 대한 정의로 볼 수 있다는 점에서 역설적으로 신앙이 무엇인가를 잘 드러낸다고 스미스는 지적한다. 곧 이것은 스미스의 신앙에 대한 입장을 잘 드러내고 있다. 무신론은 단순히 신에 대한 교리를 갖고 있느냐 없느냐 여부에서 판가름할 것이 아니라 그 종교인이 어떠한 삶의 태도를 갖고 있느냐, 육안으로 보이는 것만을 존재하는 모든 것의 전부라고 여기면서 살아가느냐 아니면 육안으로 보이는 것을 넘어서는 초월적 실재가 여실하게 있다는 것을 통찰하면서 거기에 적극적으로 응답하면서 희망찬 삶을 살아가느냐를 살펴보고 판가름해야 한다는 것이다. 신앙 곧 초월적 실재에 대한 통찰과 응답이 없거나 미약할 때 그러한 사람은 무신론에 가까운 것이며, 형식적으로 신에 대한 교리를 가지고 있지 않더라도 그 사람의 내면에 초월적 실재에 대한 확신에 찬 긍정이 있을 때 우리는 그 사람을 신앙이 있는 사람이며 유신론자라고 부를 수 있다는 것이다.

---

5) ibid., pp.53-54.

이러한 의미에서 신앙을 이야기한다면 스미스가 이야기하듯이, 몇몇 사람은 낙담과 좌절과 절망 가운데 이러한 무신론자의 황량함에 때때로 가까이 가기도 했겠지만, 전혀 신앙이 없는 사람이란 여태껏 없었으리라고 할 수 있을 것이다.[6] 또한 같은 기준에서 몇몇 사람은 풍요로울 정도로 그 따뜻함을 부여받았겠지만, 완전한 신앙을 지니고 있는 사람도 없을 것이다. 여기에서 스미스는 우리 모두에게 있어서 적절한 질문은 경솔하게 신앙이 있느냐 없느냐의 질문이 아니라, 각자에게 있어서의 신앙이 얼마나 풍요로우며 어떠한 형태를 지니는가의 질문임을 깨우쳐준다. 곧 신에 대한 교리를 갖고 있느냐 여부에 따라서 유신론이냐 무신론이냐를 따지는 형식적이고 흑백논리적인 질문에서 벗어나 그 종교의 신앙이 어떠한 풍요로움을 지니는가 이해하고자 하는 방향으로 탐구가 이루어져야 한다는 것이다.

이처럼 인격적이고 질적인 맥락에서 하느님에 대한 신앙을 숙고하는 것과, 일련의 아이디어 혹은 명제들의 다발로서 하느님에 대한 믿음을 고려하는 것 사이에는 뚜렷하게 막중한 차이가 있다. 혹자는 이러한 대조를 좋아하지 않을지도 모르지만, 믿음과 신앙 사이의 근본적이고 생생한 차이를 날카롭게 드러내는 데 있어서 이러한 대조는 매우 시사적이다. 곧 이러한 대조하에서 우리는 신앙에 대한 스미스의 다음과 같은 설명을 더욱 생생하게 이해할 수 있는 것이다.

> 신앙이란 자기 자신에 대한, 자신의 이웃에 대한, 우주에 대한 인격의 정향이다. 전적인 응답으로서, 세계를 바라보며 세계를 대처하는 방식이다. 세속적 차원 이상의 차원에서 살아갈 수 있는 역량이며, 곧 초월적 차원의 맥락에서 보고 느끼고 행동할 수 있는 역량이다.[7]

---

6) ibid., p.54.
7) ibid.

이러한 의미에서 스미스가 주목하는 사례 중의 하나가 초기불교 운동이다. 곧, 초기불교 운동은 신앙을 지닌다는 것이 교리적으로 하느님의 존재를 믿는다는 것과는 다르며, 대상적 존재로서 하느님의 존재를 믿느냐는 질문은 실로 도대체 정확하거나 적절한 질문이 아니라는 것도 잘 보여준다는 것이 스미스의 관점인 것이다.[8] 다시 말해서 외부자의 입장에서 불교의 교리를 관찰하면서 형식적으로 자기들의 하느님 개념에 부합하는 개념이 없다고 속단하는 대신에 그들의 신앙 안에 육안을 넘어서는 초월적 실재에 대한 통찰이 있는가를 깊이 있게 탐구해보아야 한다는 것이다.

스미스가 이렇게 초기불교 운동을 우선적으로 선택한 것은 무엇보다도 초기불교 운동이 무신론적이라고 일반적으로 평가되어 왔기 때문이다.[9] 초기불교 운동은 앞 절에서의 무신론자에 대한 정의의 맥락에서는 아니지만, 보다 일반적으로 신격에 관한 아이디어를 배제했다는 맥락에서 확실히 무신론적이라고 평가되어 왔다. 곧 믿음의 차원에서 초기불교 운동은 무신론적이었다. 이런 점에서 초기불교 운동은 믿음의 차원과 신앙의 차원을 구분하는 중요한 사례가 될 수 있는 것이다. 스미스는 자신의 연구가 철저한 연구에는 아직 이르지 못하고 있음을 겸허하게 밝히면서도 그 중요성을 다음과 같이 뚜렷하게 밝힌다.

초기 불자들의 신앙에 대한 어떠한 구체적인 연구도, 신앙에 대한 초기 불자들의 개념에 대한 연구도 막대한 작업이 될 것이다. 그러나 신앙과 믿음의 관계, 특히 신앙, 신에 대한 신앙, 신에 대한 믿음 사이의 관계에 대한 우리의 보다 제한적인 관심에서 이 운동을 개괄적으로 묘사하는 것만으로도 가르쳐주는 바가 있음이 입증될 것이다. 그것은 우리의 보다 광범위한 작업을 밝혀주는 시작점으로 기능할 것이다.[10]

---

8) ibid., pp.54-55.

9) ibid., p.55.

10) Wilfred Cantwell Smith, *Faith and Belief* (Princeton University Press, 1979), p.21.

곧 스미스는 자신의 불교연구가 아직 개괄적인 연구 차원에서이기는 하지만, 피상적인 교리적 믿음의 차원을 넘어서서 신앙의 차원을 밝히는 데 중요한 의의가 있으며, 차후의 연구에 있어서 중요한 시작점이 되리라는 것을 자신하고 있는 것이다.

이러한 스미스의 노력을 살피는 데 있어서 우리는 서구에서 예전에는 무신론이 오직 타락한 사람만이 택할 수 있는 흉측한 입장이며 무신론의 확산은 인류에게 공포스러운 재난이 될 것이라는 태도가 지배적이었다는 것을 유념할 필요가 있다. 오늘날에도 그렇게까지 심각하지는 않지만 무신론에 대해서 여전히 부정적인 태도가 강하다.11) 곧 스미스가 불교에 대하여 무신론이 아니라는 점을 밝히고자 하는 것도 이러한 서양의 맥락에서 이해하는 것이 매우 중요하다. 곧 그는 불교가 황량한 허무주의나 무도덕주의가 아니라 참된 초월적 실재에 기반을 둔 건전한 종교라는 것을 밝히고자 하는 것이다. 동양인이라도 이러한 서양에서의 맥락을 감안한다면 불교가 무신론이라고 서양인에게 소개하는 데 다소 주저하지 않을 수 없을 것이다. 곧 무신론이냐 아니냐는 단순히 형식적인 문제를 넘어서는 심층적 중요성을 지니는 것을 이해해야 하는 것이다.

2절 불교는 종교적 운동인가?

이처럼 믿음의 차원과 신앙의 차원을 구분해냄으로써 스미스는 우선 초기불교 운동이 믿음의 차원에서 무신론적이라는 점에서 종교적이라

---

11) "Atheism." *The Encyclopedia of Philosophy* (New York: Macmillan and Free Press, 1967), vol.1, pp.174-188.

고 불리어야 하는지 의문을 던지는 서구인들을 비판하며 신앙의 차원에서 종교적 신앙으로 간주될 수 있다는 입장을 제기한다. 스미스는 먼저 기능적인 차원에서 논증한다. 불교 운동이 그 운동의 참여자들의 삶에 있어서 의심할 바 없는 종교적 역할을 해왔다는 것이다. 스미스는 우선 불교가 단순히 사상으로만 이루어진 것이 아님을 환기시킨다.

> 붓다라는 인물을 중심으로 한 이 운동은 단순히 사상으로만 이루어진 운동이 아니었다. 그의 가르침에 더하여 이 운동은 그의 전 인격으로부터 영감을 받았고 그 인격에 정향되어 왔으며, 그 인격의 표상을 통하여 상징화되었다. 그의 말뿐만 아니라, 그의 체계화된 가르침의 진술뿐만 아니라 그의 침묵도, 그의 미소도, 그의 연민도, 그의 고아함도, 그의 용기도 역할을 했다. 그의 믿음만이 아니라 그의 신앙이 세계사에 영향을 주어 왔다.12)

곧 스미스는 불교에서 붓다가 구성한 교리적 믿음체계만이 아니라 붓다의 인격을 통하여 전달되어온 신앙의 역할에 주목할 것을 요청하는 것이다.

스미스는 이처럼 붓다의 인격의 고매함이 불교사를 형성하는 데 지속적으로 영향을 미쳐왔음을 지적하면서, 또한 불교 신앙의 전승에 있어서 후대의 불자들의 역할, 승가 공동체의 역할도 무시하지 않는다.

> 그로부터 생성된 공동체에 있어서 상호적인 충실성과 결속력은 그에 의해 불러일으켜졌고, 인격으로서의 그에 대한 그치지 않는 기억에 의해 유지되었다. 역으로, 공동체에서 그를 기억하고 그의 가르침을 간직한 것은 또한 그 공동체의 상호적인 충실성과 결속력에 곧 그 구성원들이 서로에게서 배움을 받고 격려될 수 있었다는 데 그 이유가 있었다. 그들은 불·법·승(佛·法·僧)의 삼보(三寶)라는 표현을 통해 이러한 다차원적 특성을 강조했다.13)

---

12) ibid.
13) ibid.

여기에서 "불·법·승의 삼보라는 표현"을 언급하는 캔트웰 스미스의 통찰에 우리는 유의할 필요가 있다.14) 곧 스미스는 보통의 불교연구자들이라면 별 주의를 기울이지 않고 지나치기 쉬운 삼귀의(三歸依)에 대해서 깊은 주의를 기울이고 있는 것이다. 스미스는 여기에서 특히 불교의 전승에 있어서 신앙 공동체의 역할에 주목한다. 스미스의 이러한 주목은 그가 일찍이 『종교의 의미와 목적』에서 신앙의 표현 가운데 하나로서 공동체를 제시한 것과도 일맥상통한다고 하겠다. 여기에서 특히 우리가 주목해야 할 것은 스미스가 공동체를 단지 수동적인 차원에서만이 아니라 적극적인 차원에서 바라보고 있다는 것이다. 붓다와 공동체의 관계는 일방적인 것이 아니라 쌍방향적인 것이다. 공동체가 수동적으로 혹은 일방적으로 붓다에 의하여 만들어지고 유지된 것만이 아니라, 그 공동체의 상호적인 충실성과 결속력이 붓다의 가르침을 간직하는 데 있어서 능동적인 기여를 해왔음을 스미스는 시사하고 있는 것이다.

여기에서 스미스는 삼보의 의미를 되새기면서 다시 한 번 붓다의 인격과 공동체의 관계를 환기시킨다.

> [불자들은] 가르침들만이 아니라 그 가르침들을 설득력 있게 제시한 붓다의 인격과 모범 및 이 양자−가르침과 인격적 모범−를 지금 기쁨 가운데 설득력 있게 제시하고 있는 공동체적 삶에 참여하면서 궁극적인 관심을 기울여왔고 자신들의 삶의 궁극적 의미를 발견해왔다.15)

---

14) 불·법·승의 삼보는 불교를 가장 간단히 요약하여 대변하는 표현의 하나로서 대승불교의 法身·報身·應身 등의 三身사상의 형성과도 맥이 닿아 있다. 곧 존재의 근거가 되는 다르마(法)의 절대성을 법신이라고 하고, 다르마에 대한 깨달음의 경지를 보신이라고 하고, 세상에서 발견되고 전파되는 다르마를 응신이라고 표현하게 되었다고 할 수 있는 것이다. Tadeusz Skorupski, "Dharma: Buddhist Dharma and Dharmas," *The Encyclopedia of Religion*, (New York: Macmillan Publishing Company, 1987). 다만, 스미스는 이 부분에서만큼은 법(法)에 해당하는 것을 단순히 '붓다의 가르침들'이라고 한정하고 있다는 것에 유의할 필요가 있겠다.

15) Wilfred Cantwell Smith, *Faith and Belief* (Princeton University Press, 1979), pp.21-22.

이처럼 불교 운동에 있어서 추상적인 아이디어들의 전개를 넘어서는 어떤 것이 진행되어 왔음을 인식해야 불교 운동을 제대로 이해할 수 있다는 스미스의 주장은 어쩌면 너무나 당연한 진리라고 할 수 있을 것이다.

여기에서 스미스는 붓다의 인격과 말씀 간의 비교적 중요성의 문제에 있어서 시간의 경과에 따라 불교 공동체 내에 이견이 생겨나고 그것이 공동체의 분리로 이어지기도 했다는 것을 간과하지 않는다. 그러나 붓다의 추종자들 가운데 일부의 상상력과 종교적 헌신에 있어서는 붓다의 우주적 역할이 그 가르침보다 우선시되었으며, 많은 이들에게 있어서 붓다가 본 진리는 적어도 붓다의 언설에서만큼 붓다의 삶과 모범을 통해서 이해되었다는 점을 스미스는 강조한다. 불교 공동체 내에서 다양한 견해가 제시되었지만 붓다의 언설만이 중요하다는 입장, 달리 말하자면 붓다의 믿음체계만이 중요하다는 주장은 결코 없었다는 것이다.[16)

이처럼 명료하게 불교 운동이 다른 운동, 다른 이념, 다른 헌신, 다른 조직에 대하여 명백히 종교적인 대안이었다는 것을 밝히면서 스미스는 불교의 역할에 관하여 다음과 같이 이야기한다.

> 불교는 인생에 영감을 주었고 질서를 잡아주었다. 불교는 응답을 받았고 헌신을 불러일으켰다. 불교는 이상을 제시했고 인격을 변화시켰다. 불교는 광대한 지역에 오랜 세기에 걸쳐 내부의 사람들과 외부의 관찰자들이 다른 모든 문화에서 종교적이라고 불리는 것에 대응하는 사회 제도와, 형이상학적 궁극자들에 대한 개념 체계와, 인격적 자질이 충만한 문화적 총체를 생성시켰다. 이것은 무신론이었다고 하더라도 종교적 무신론이었다.[17)

곧 불교운동은 무신론이라고 하는 것을 인정하더라도 종교적 무신론이었음은 이론의 여지가 없는 것이다. 불교는 역사 안에서 다른 종

---

16) ibid., p.22.
17) ibid.

교 운동과 대등한 위치를 점해온 것이다.

3절 불교는 과연 무신론인가?

그래도 초기불교의 발전에 있어서 믿음 곧 아이디어들의 역할은 복잡한 문제라는 것을 스미스는 인정한다. 적어도 교리적 믿음이 하나의 요소이었다는 것은 분명한 것이다. 그리고 그 교리적 믿음이 일견 무신론적 형태였다는 것까지 스미스는 인정한다. 그리고 이러한 맥락에서 스미스는 그 소위 무신론적 형태의 믿음을 재해석해나가고자 하는 것이다. 여기에서 스미스는 자신의 논지 전개상 가장 불리할 수도 있는 남방 상좌 불교를 논구의 대상으로 삼는다.

> 우리는 그[붓다]의 추종자들 가운데 가장 이른 시기의 부파로서 가장 보수적이며 붓다의 언설을 가장 확고하게 중시해온 것으로 전통적으로 알려져 온 부파 곧 남방 상좌 불교를 의도적으로 선택함으로써 탐구를 단순화하고자 한다. 우리는 마찬가지로 그들이 붓다의 가르침을 담고 있는 것으로 소중하게 간직해온 팔리어 경전에 초점을 맞추고자 한다. 이 팔리어 경전들은 후대에 형이상학적으로 풍요로운 경전들과 함께 대승불교로 발전한 공동체들보다 믿음체계에 있어서 조직적이며 엄격했다.[18]

곧 스미스는 여러 불교 공동체들 가운데 가장 무신론에 가까운 공동체를 택하여 논하고자 하는 것이다.

여기에서 일단 스미스는 초기불교가 무신론적이라고 평가될 만한

---

18) ibid.

근거를 받아들인다. 먼저, 붓다는 의도적으로든 묵시적으로든 힌두의 신들이 우주에서 그리고 사람들의 운명에서 점하고 있던 궁극적 지위와 역할을 박탈해버렸다는 것이다.[19] 여기에서 혹자는 이러한 반문을 할 수 있다. 곧 대부분의 종교적 운동들이 자신들과 대립하는 운동들의 신들에 대해서 그러한 일을 대개 해오지 않았는가? 불자들도 다만 자신들의 새로운 신들로 그 옛 신들을 대체한 것이 아닌가? 이러한 질문에 대해서 적어도 초기불교 운동에 있어서 그리고 믿음의 표면적 차원에 있어서 '인격적' 형태의 신 개념에 관한 한 대답은 '아니오'라는 점을 스미스도 인정한다.[20] 붓다 자신과 초기불교 운동은 이러한 맥락에 있어서는 확실히 유신론적이지 않았던 것이다.

그러나 여기에서 스미스는 또 하나의 반론이 제기될 수 있다고 한다. 유신론적인 해석이 신격에 대한 유일한 해석은 아니라는 것이다.[21] 그렇다면 이 새로운 운동, 그리고 그 운동으로부터 영감을 받고 활력을 얻으며 환희에 찼던 사람들은 옛 신격을 대체할 새로운 어떤 신격을 받아들였는가? 그들은 하느님에 관한 새로운 모종의 개념을 형성하고 가르쳤는가?

이 질문에 대해서도 지금까지, 특히 19세기와 20세기 초의 전환기에 있어서 주어진 대답은 '아니오'였다. 하지만 보다 최근에는 이러한 대답이 상당수의 불교학자 및 관찰자들에 의하여 수정되어 왔다. 그들은, '열반'이라는 개념을 불자들이 발전시키고 강조해온 대로 면밀하게 바라볼 때에는, 한때 생각되었던 것처럼 부정적인 관념이 아니라 찬연하게 실재하는 어떤 것이며 서구의 '하느님' 개념에 상응하는 어떤 것이며, 혹은 적어도 '하느님' 개념에 의미심장하게 유사한 역할을 해온 개념이라고 주장해왔다. 이러한 주장을 스미스는 적극적으로

---

19) ibid., p.23.
20) ibid.
21) ibid.

수용한다.22) 스미스는 다음과 같이 말한다.

> 유대인들이나 무슬림들이나 힌두인들이나 장로교인들이나 감리교인들이나 모두 하느님에 관하여 달리 말하고 있지만, 모두 그분에 관하여 말하고 있는 것으로 수긍되고 있는 것이다. 불자들에게도 하느님에 관하여 무언가 달리 말할 권리를 부정해서는 안 되는 것이다.23)

이러한 맥락에서 스미스는 한 걸음 더 나아가 일견 무신론자라고 평가되는 불자들의 입장도 깊이 있게 바라보면 하느님에 대한 진실한 이야기로 받아들일 수 있다고 주장하는 것이다. 어떤 실재에 대하여 서로 다르게 이야기한다는 것을 어느 쪽은 맞고 다른 쪽은 틀리다는 흑백론적 관점에서 바라보는 것이 아니라, 서로의 관점을 개방시키고 풍요롭게 해줄 수 있는 다원주의적 관점에서 바라보아야 한다는 것이다.

여기에서 스미스는 영국의 저명한 불교학자 콘즈의 열반에 대한 다음과 같은 설명에 공감한다.

> 우리가 듣기를, 열반은 영원하고 안정되어 있으며, 멸하지 않으며, 흔들리지 않으며, 시대를 초월하며, 죽지 않으며, 태어나지 않으며, 변화하지 않으며, 힘이며, 지극한 행복이며, 안전한 피난처이며, 안거처이며, 어떠한 공격에서도 안전한 곳이다. 열반은 참된 진리이자 참된 실재이다. 최고의 목적이며, 우리의 삶에서 유일한 완성이며, 영원하고, 감추어져 있는 불가해한 평화이다.24)

스미스는 상당히 많은 수의 다른 현대 서구학자들이 이 해석을 따르고 있다는 사실에 주목하며, 이 설을 정당한 입장으로 간주해도 좋을 정도라고 인정한다. 사실 이러한 주장을 하는 것은 서구학자들만

---

22) ibid.
23) ibid.
24) Edward Conze, *Buddhism: its Essence and Development*, (New York: Harper Torchbooks, 1959), p.40.

이 아니다. 비록 서구에서 학문을 연마하기는 했지만 스리랑카의 대표적 불교학자인 왈폴라 라훌라(Walpola Rahula)는 열반에 대하여 다음과 같이 말한다.

> ……열반은 원인도 아니고 결과도 아니다. 그것은 인과를 초월해 있다. 그것은 선정(禪定)이나 삼매(三昧)와 같은 신비적·정신적 상태처럼 만들어지는 것은 아니다. <진리는 존재한다.> <열반은 존재한다.> 우리가 할 수 있는 유일한 일은 그것을 보고 깨닫는 것일 뿐이다. 열반을 깨달을 수 있도록 인도하는 길이 있으나 열반은 그 길의 결과는 아니다.[25]

곧 불교권의 학자마저 열반에 진리의 자리를 부여하는 데 서슴지 않고 있는 것이다. 다시 말해서, 열반은 붓다와 그의 초기 추종자들에게는 서구에서 유신론자들이 이해할 때의 신성함의 특성들을 갖고 있는 것으로 파악되었다고 이야기할 수 있는 것이다.

4절 불교에서의 다르마

그러나 스미스는 이러한 입장에 대해서 만족스러워하지 않는다. 무엇보다도 불교를 연구하는 서구학자들과 달리 불자들이 거북해한다는 점에 스미스는 유의한다. 종교연구에 있어서 해당되는 종교의 신앙인들의 신앙을 떠나서 종교적 전통은 별 의미가 없다는 주장을 견지하고 있는 스미스에게 있어서 불자들의 이러한 부정적 반응은 결코 무시할 수 없는 것이다.

---

25) 왈폴라 라훌라, 『붓다의 가르침』, 진철승 옮김 (서울: 대원정사, 1988), p.64.

불자들은 서구인들이 이처럼 열반의 개념에 대해서 소동을 벌이는 것
에 대해서 불안감을 느끼고 있는 듯한 인상을 준다. 이것은 분명히 부분
적으로는 자신들에게 성스러운 신비인 무엇을 서구인들이 엿보고 경솔하
게 떠벌리면서 불경스럽게 다룰 위험이 있다고 보이기 때문이다. 그 외부
자들은 거기에 어떻게 도달하는가 하는 필수불가결하게 선행하는 문제에
먼저 경건하게 주의를 기울이지 않고 주제넘게 그 지향점에 대하여 대뜸
이론적으로 달려드는 것으로 보이는 것이다.26)

스미스는 이처럼 불자들의 의구심을 적극적으로 인정한다. 그러면서
스미스가 불자들이 진정으로 소중하게 여기는 개념이 무엇인가에 경
청하면서 발견하게 되는 것이 다르마(dharma)이다.

대부분의 불자들에게 붓다의 가르침 가운데 주도적이고 중심적인 개념
은 다르마라고 느껴져 왔다. 외부자가 초기불교의 입장을 다루고자 한다
면 바로 여기에 최고의 주의를 기울여야 한다고 생각된다. 유신론자들은
불자에게 이 개념이 자신들이 신성하다고 규정하는 특성들을 지녀 왔음을
깨달을 때 이 개념을 이해할 수 있다.27)

어쩌면 불자들의 신앙에 대해서 이해하고자 함에 있어서 불자들에
게 경청하는 것은 너무나 당연한 것이다. 그러나 기존의 상당수 서구
학자들은 불자들에게 경청하는 데 있어서 심층적으로 다가가지 못한
나머지 불교를 무신론이라고 평가하거나 다소 엉뚱하게 열반을 하느
님에 해당하는 개념으로 인식하는 과오를 범한 것이라고 할 수 있다.
곧, 신앙인들의 주관을 배제한 외부의 시각이 객관적이며 더 타당한
지식을 줄 수 있다는 잘못된 편견이 서구에서의 불교 이해를 왜곡시
켜온 것이라고 하겠다. 이러한 편견이 또한 동양에 역수입되어 서론

---

26) Wilfred Cantwell Smith, *Faith and Belief* (Princeton University Press, 1979), p.24.
27) ibid., p.24.

에서 예로 든 바와 같이 동양의 상당수 불교 학자들이 스스로의 불교를 서양 언어 혹은 현대 언어로 이해되도록 하는 데 있어서 큰 지장을 초래해오기도 했다고도 할 수 있는 것이다.

　캔트웰 스미스는 다르마와 신의 대비가 생소하다고 느껴지는 사람들을 위해서인지 다음과 같은 설명도 덧붙이고 있다.

　　물론 이 불교의 개념에서 너무 많은 것을 읽어낸다고 여겨진다는 생각에서 이렇게 상정된 유비에 몇몇 서구인들이 저항할지도 모르는 것처럼, 몇몇 불자들은 이러한 유비가 불교의 개념을 축소시키며 그 개념에서 너무 많은 것을 배제하고 읽는다고 하는 이유에서 이 수렴에 저항할지도 모른다. 서로의 입장에 대한 이해가 자라남에 따라 이러한 거부감은 역사적으로 저절로 용해될 것이다. 양측에서 이 유비를 받아들이게 되는 지성인들의 수가 증가할 것이고, 그 수의 증감은 어느 경우에든 이 제안의 타당성에 대한 실질적인 검증이 될 것이다.[28]

　곧 서구에서의 다르마에 대한 생소함 내지 선입견이 신과의 대비를 걸맞지 않는 것으로 보이게 할 수 있지만, 그러한 느낌은 불교 쪽에서도 마찬가지일 수 있다는 것이다. 양 쪽 다 자신들의 궁극적 실재에 대한 개념에 대해서는 그 궁극성을 심각하게 고려하면서도 타 종교인의 개념에 대해서는 궁극성을 인정하는 데 인색한 데서 이러한 저항이 생겨날 수 있는 것이라고 하겠다. 스미스는 이러한 느낌이 서로에 대한 이해의 증진으로 사라질 수 있다고 자신한다. 이러한 배려를 한 후에 캔트웰 스미스는 다르마와 신의 대비의 긍정적 효과를 다음과 같이 이야기한다.

　　이 문제의 보다 역동적인 측면은 서구에서 열반이나 다르마와 같은 개념에 대해 이처럼 새롭게 평가하는 것이 서구에서 자신들의 하느님 개념을 해석하는 데 역사적 혁신이나 발전을 야기한다는 것이다. 지상에서의

---

[28] ibid.

신성의 활동에 대한 유신론적 이해는 불교사를 보다 깊이 인식하면서 관조함에 따라 확장된다. 마찬가지로 불자들도 세계사에 대한 그들의 이해가 증가됨에 따라 새로운 범위와 다양성 속에서 인간사에 대한 이해를 고양시키게 될 뿐만 아니라 우주적 진리에 대한 인간의 응답에 대한 이해도 고양시키게 된다.[29]

곧 캔트웰 스미스는 두 종교가 서로 상응되는 개념을 비교적으로 바라봄으로써 서로에 대한 이해를 깊게 할 수 있을 뿐만 아니라 자신에 대한 이해도 깊게 하게 될 수 있다는 것이다. 다시 말해서, 하느님 개념과 다르마 개념을 적극적으로 상응시켜봄으로써 그리스도인들은 다르마 개념의 초월적 차원을 정당하게 인식할 수 있게 되고 나아가 하느님에 대한 보다 폭넓은 이해로 다가갈 수 있을 것이다. 불자들 또한 하느님 개념에 대하여 단순한 데바(deva) 개념의 차원을 넘어서 정당하게 이해할 수 있게 될 것이며 그리스도인들의 신앙적 삶의 초월적 차원에 보다 심층적으로 다가가면서 자신들의 전통에 있어서 다르마 개념의 의미의 폭에 대해서도 더욱 넓고 깊은 시야를 가질 수 있게 될 것이다. 그렇게 됨으로써 그리스도인들과 불자들은 서로를 깊이 있게 이해하면서 초월적 실재에 대한 스스로의 이해도 심화시켜가게 되는 것이다. 이것은 그가 새로운 인문학의 연구 태도로 제시하는 "공동체적인 비판적 자아의식"(corporate critical self-consciousness)이 성공적으로 발현되는 경우가 될 것이다. 이것이 곧 두 종교가 대립 의식을 넘어서 우리로서 공존하는 존재라는 의식을 가지고 서로와 자신에 대한 이해를 심화시켜나가게 되는 경우인 것이다.

이처럼 다르마를 하느님 개념에 상응하는 개념으로 이해함에 있어서 스미스가 우선 주목하는 것은 붓다의 가르침 가운데 일반적으로 가장 먼저 제시되는 고(苦)의 진리이다.

---

29) ibid., pp.24-25.

> 붓다의 가르침에 관한 한, 인간의 삶에 있어서 경험적 관찰로 제시되고 강력하게 강조된 첫 번째 가르침은 삶이 고(苦, dukkha)라는 것이었다……우주에 관한 한 강력하게 강조되고 20세기까지 다른 어떤 사상 체계에서보다도 더 철저하게 전승된 그의 첫 번째 가르침은 경험적 우주가 끊임없는 흐름이라는 것이었다……이러한 사건들의 바다에서 아무것도 안정되어 있지 않고 아무것도 영원한 의의가 없다.
>
> …………
>
> 붓다는 이 바다에서 아무것도 지속되지 않는다고 강력하게 주장했다. 여기에서 그는 무신론적이라고 일컬어진다. 그는 말하기를, 신들마저도 일어나고 멸한다고 하였다.[30]

곧 스미스는 부처의 가르침 가운데 가장 무신론에 가까운 내용을 우선적으로 직시하는 것이다. 그러나 스미스는 이러한 내용만이 불교를 구성하는 것이 아님을 곧이어 밝힌다.

> 그러나 그는 "피안"이 있다고 긍정하였다. 그는 피안을 언어로 묘사하기를 강력히 거부했고, 제자들이 거기에 도달했을 때 어떠하리라고 추측하는 것을 권장하지 않았다. 그의 가르침은 그 피안의 특성을 밝히는 데 관심을 두지 않고, 어떻게 도달하는가를 묘사하고 사람들에게 자신이 본 거기로 날라 줄 뗏목에 올라타도록 초대하는 데 관심이 있었다. 그 뗏목이 사람들을 건네줄 것이라는 깨달음이 그의 비전, 깨달음, 불성을 구성했다. 그 피안의 이름이 열반이다. 서구에서의 비교적 최근의 연구는 그것의 초월적 성격, 불교의 구도에서의 궁극성을 인식하고 붓다의 입장이 무신론적이라거나 심지어 세계 부정적이라고 하는 것이 성급한 판단이었고 그릇된 판단에 불과했다는 결론을 시사하기에 이르렀다.[31]

곧 붓다가 초월적 실재로서 '열반'이라는 피안을 긍정하고 피안에

---

30) ibid., 25-26.
31) ibid., p.26.

이르는 길을 가르치고 있는 이상, "삶이 괴로움"이며 "우주가 끊임없는 흐름"이라는 것이 붓다의 가르침이었다고 해서 불교가 염세적 무신론이라고 평가될 수는 없다는 것이다. 또한 인간의 신앙인으로서의 삶을 중시하는 캔트웰 스미스는 다음과 같이 말한다.

현대의 어떤 논리실증주의자나 언어분석학자도 인간의 언어가 형이상학적 실재를 다룰 수 없으며, 우리의 개념과 범주와 개념 구성 능력이 초월자를 다루는 데에는 부적합할 뿐이라는 것을 주장하는 데 있어서 붓다를 능가하지 못했다. 그러나 그들과 달리 붓다는 그 실재가 있음을 확신했다. 그는 도덕적으로 삶으로써 그것을 긍정했다.[32]

곧 붓다의 도덕적 삶이 그의 초월적 실재에 대한 확신을 가장 웅변적으로 증언해준다는 것이다. 캔트웰 스미스는 이처럼 붓다를 비롯한 불자들의 삶이 초월적 실재에 대한 신앙을 증언해준다고 하면서 열반의 경지에 이르는 길의 근거가 되는 실재로서 다르마 곧 법(法)의 실재를 이야기한다.

열반은 묘사할 수 없으며 논의해서 아무런 이득이 없는 아득한 실재이지만, 붓다는 누구에게나 즉각적으로 유용한 또 하나의 절대 실재를 보았고 가르쳤다. 곧 도덕법이다. 붓다는 우주적 흐름 가운데 하나는 확고하다고 가르쳤다. 사건들의 혼돈 가운데 한 패턴은 영원하다. 인간의 삶의 부침 속에 한 가지 형태는 절대적이며, 지고하며, 신뢰할 수 있으며, 구원의 효력이 있다. 다른 모든 것과 달리 한 가지는 확실하고, 안정되어 있으며, 굳건하고, 지속적이며, 항상 즉각적으로 다가갈 수 있다. 그것이 다르마 곧, 올바른 삶에 대한 진리이다.[33]

여기에서 캔트웰 스미스는 다르마를 "도덕법"(moral law)이라고 해

---

32) ibid.
33) ibid.

석하여 다르마의 의미를 너무 협소하게 제한시키는 듯한 인상을 주기도 하지만, 다르마의 절대성과 지고성을 뚜렷이 말하고 있다. 다르마의 절대성과 지고성에 대한 언급에 이어서 캔트웰 스미스는 붓다가 다르마의 창조자가 아니라 발견자에 지나지 않음을 강조한다.

> 붓다와 그의 추종자들은 단호하게 주장하기를, 싯다르타 고타마가 다르마에 대한 자신의 견해를 꾸며내지 않았다고 하였다. 그는 그것을 발견했다. 붓다의 가르침은 기원전 6세기에 시작되었지만, 다르마는 항상 있어 왔다……
>
> 그가 가르친 다르마의 타당성이나 권위는 그가 현명하고 위대한 사람이었다는 사실에 의존하지 않는다. 거꾸로 그는 그 선재하는 진리를 깨달음으로써 현명하고 위대한 사람이 되었다. 그는 그리스어로 말하자면 선재하는 로고스라고 해야만 하는 무엇을 발견함으로써 붓다가 되었다.
>
> 다른 모든 것은 덧없다. 그러나 삿다르마(Saddharma) 곧 정법(正法)은 영원하다.[34)]

이러한 그의 설명은 붓다의 탁월함에 앞서서 있는 다르마의 역동성을 잘 부각시키고 있다. 다시 말하거니와, 붓다가 현명하다는 것에 그의 가르침의 권위가 있는 것이 아니라, 다르마 자체의 역동성에 대한 깨달음이 붓다의 가르침에 권위를 부여한다는 것이다. 다르마는 붓다에 앞서서 있는 역동적인 실재인 것이다. 여기에서 그는 다르마의 있음에 대하여 "존재하다"(exist)라는 말을 쓰지 않고 "있다"(is)라는 말을 쓰는 섬세함을 보인다. 그는 다음과 같이 말한다.

> 다르마가 항상 존재해왔다고 말하는 것이 정당한지는 의문이다. 이제 우리는 다르마가 항상 있어 왔다고 말하고자 한다. 이는 신이 여러 존재자 가운데 하나의 존재자일 뿐이라는 것을 암시하기 때문에 "존재한다

---

34) ibid., pp.26-27.

(exist)"가 신에 대하여 적합한 말인지 의문스럽다고 하는 그리스도교 신학자의 상황과 매우 유사하다. 오히려 우리는 신은 있다고 말해야 한다. 신은 존재의 근거이다. 존재하는 것은 무엇이나 그를 통하여 존재하고, 있는 것은 무엇이나 그를 통하여 있어 왔다.

불자들은 승의제(勝義諦) 곧 궁극적 또는 최종적 형태의 참된 법과 속제(俗諦) 곧 객관화되고 경험적인 가르침으로서의 법을 구별했다. 후자는 역사에 종속된다. 전자는 초월적인 것으로서 부처가 사람들에게 그것을 전하는 것으로부터 독립되어 있다. 선재하는 로고스와 비유되기에 합당한 것은 물론 승의제의 법이다…….35)

신이 모든 존재의 근거로서 그저 "존재한다"라고는 말해질 수 없듯이, 구체적인 가르침 곧 능전(能詮)으로서의 다르마와 달리 그 가르침이 가리키고 있는 초월적 실재 곧 소전(所詮)으로서의 다르마도 모든 존재의 근거로서 일개 존재자라고는 할 수 없다는 것이다.36) 다르마의 선재성을 이처럼 역설하는 캔트웰 스미스는 다시 다르마의 역동성에 대하여 다음과 같이 말하고 있다.

서구학자들이 가장 강하게 주장해온 것의 하나가 붓다는 사람이 스스로를 구원해야 히며, 그를 구해줄 외부의 이떤 힘도 없다고 가르쳤다는 것이다……

붓다가 도덕적 삶에 대하여 다소 펠라기우스적 태도를37) 취했다는 것은 사실이다. 그는 각자가 도덕적으로 살 것인가를 스스로 결난할 수 있고 스스로 결단해야 하며 그 결단을 스스로 실천해야 한다고 굳게 믿었고

---

35) ibid., p.27.

36) 앞에서도 언급한 바 있지만 다르마는 그 의미가 매우 광범위한바, 여기에서처럼 궁극적이고 초월적인 실재를 가리키는 경우와 아울러 현상적 존재의 구성요소를 가리키는 경우도 있다. Th. Stcherbatsky, *The Central Conception of Buddhism and the Meaning of the Word "Dharma"*, (London: Royal Asiatic Society, 1923).

37) 펠라기우스(Pelagius)는 5세기 초의 수도사로서 원죄설을 부정하고 인간의 자유의지와 그 힘으로 義認에 이를 수 있음을 강조하였다.

가르쳤다. 역사적 붓다에게 대속적(代贖的) 도덕(vicarious morality)은 없다. 그러나 붓다가 사람이 스스로를 구원할 수 있다고 믿고 가르쳤다고 말하는 것은 거짓이라는 점에서 그러한 [대속적 도덕의] 의미는 있다. 영원한 다르마가 없다면 사람은 스스로를 구원할 수 없을 것이다. 구원하는 것은 선재하는 법 곧 다르마에 따라 사는 것이다.

　그렇게 살고자 하는 결단은 인간 자신의 것이다. 그러나 그러한 삶이 구원을 가져다준다는 것은 인간에 앞서는 것이고 인간으로부터 독립되어 있는 것이다.[38]

여기에서 캔트웰 스미스는 서구학자의 불교에 대한 가장 큰 오해 가운데 하나를 지적하고 있다. "불교는 자력종교에 지나지 않는다"는 불교에 대한 오해는 서구학자들에게만이 아니라 그들에게서 지식을 전해 받는 동양의 지성인들에게도 역수입되어 많은 혼란을 야기하고 있다. 특히 '자력종교'라는 말이 그리스도인들에게 어떠한 의미를 지니는지 이해하지 못한 채 너무 쉽게 그 말을 사용하고는 것은 심각한 문제라고 하지 않을 수 없다. 초월적 기반이 없는 채 곧 참된 실재에 기반이 없는 채 인간의 암중모색에 불과한 종교라는 의미로 자력종교라는 말이 그리스도교적 맥락에서 쓰이고 있다는 것을 알게 된다면 함부로 자력종교라는 말을 사용하는 사람은 다소 줄어들지도 모르겠다. 이러한 상황과 아울러 아직도 많은 연구자들이 다르마의 구원에서의 역할에는 주목하지 못하고 있는 시점에서 캔트웰 스미스의 지적은 매우 온당한 것이다.[39]

---

38) ibid., p.28.

39) 길희성 교수는 "돈오점수론의 그리스도교적 이해"와 "지눌 禪 사상의 구조" 등의 논문에서 선불교에서도 인간의 깨달음에 앞서서 진리로서의 법(法)이 실재한다는 것에 대한 인식이 있어 왔음을 명료하게 지적하고 있다.
　길희성,『포스트모던 사회와 열린 종교』(서울: 민음사, 1994)
　김형효·길희성 외 공저,『지눌의 사상과 그 현대적 의미』(성남: 한국정신문화연구원, 1996)

이러한 스미스의 통찰은 불교가 무신론이라고 쉽게 주장하곤 하는 불교권 내의 사람들도 경청할 필요가 있을 것이다. 곧 초월적 실재에 대한 뚜렷한 기반을 갖고 있는 것이 실제의 불교라는 점을 보다 깊이 인식하는 계기가 될 수 있는 것이다.

이러한 맥락에서, 다른 모든 사람들에 있어서와 마찬가지로 불자들에게 있어서 종교적으로 살아가는 삶이란 다음과 같은 네 가지 차원의 복합적인 상호작용이어 왔다고 스미스는 주장한다.

(i) 각자가 전수받은, 어떤 특정하게 제한된 형태의 축적적인 종교적 전통.
(ii) 각자가 그 전통에 대면함에 있어서, 그 자체의 잠재력 및 특수성을 포함하는 구체적인 인격.
(iii) 각자가 삶을 살아가는, 매일 아침 새로워지는 구체적인 환경. 이것과 첫 번째의 것에는 각자가 참여하고 있는 공동체도 포함된다.
(iv) 전통이 가리키는 초월적 실재(the transcendent reality). 이 실재와의 관계에서 각자의 종교적 삶이 영위되는 것이다.[40]

이 넷 중에서 특히 네 번째 요소가 없이는, 인류의 역사를 지성적으로 이해할 수 없다고 스미스는 단언한다. 도대체 이 요소를 생략하고자 하는 사람들은 실제로 진행되어온 사실에 대한 실증적 관찰자들이라기보다는 독단적 실증주의자들이라고 스미스는 비판한다.[41]

---

40) Wilfred Cantwell Smith, *Towards a World Theology: Faith and the Comparative History of Religion* (Philadelphia: The Westminster Press, 1981), pp.26-27. 중요한 부분이므로 원문을 제시한다.
　　(i) the accumulating religious tradition that, in one or another particular limited form, each inherited;
　　(ii) the particular personality-with its own potentialities and its own quirks-that each brought to it;
　　(iii) the particular environment-new every morning-in which each happened to live (this and the first above include the community in which each participated); and
　　(iv) the transcendent reality to which the tradition pointed, and in relation to which the life was lived.

이러한 스미스의 주장은 또한 불교를 유신론이라고 정당하게 이야기하는 것이 서양인들에게 불교를 제대로 이해시킬 수 있음은 물론이고 타 종교와의 대화를 통해서 불교 전통 자체의 폭을 넓고 깊게 할 수 있을 기회가 된다는 것을 정당하게 평가하는 계기가 될 수도 있을 것이다. 스미스는 다르마의 구원에서의 역할을 역설하는 데서 더 나아가 불교가 결코 세상에 대한 신뢰를 버리지 않는 종교임을 다음과 같이 설득력 있게 제시한다.

그것이[다르마가] 효과적이며 추구할 가치가 있다고 하는 확신은 우주 자체의 구조에 대한 신뢰에 기반하고 있다. 그러한 진리가 굳건하고 안정

---

41) ibid., pp.26-27. 스미스는 나중에, 자신이 하버드 대학의 세미나에서 이러한 내용의 초고를 교재로 활용했을 때 신학부의 신학생들과 인문학부의 종교사 전공의 박사과정 학생들이 모두 자신에게 그렇게 말해서는 안 된다고 항의했었다고 술회한다. 스미스에 의하면 그 학생들은, 적어도 역사학자로서는 그렇게 말할 수 없다고 역설했다. "그것은 역사학적 판단이 아니라 신학적 판단이다"라는 것이 그들의 합창이었다고 스미스는 이야기한다. 그 학생들에게는 어떤 판단이 신학적이라면 그 판단은 역사학적일 수 없다는 것이 자명한 것 같았다고 하면서, 스미스 자신은 2-3년간에 걸친 그러한 지속적인 저항에도 불구하고 이러한 서술을 변경하지 않았다고 한다. 자신이 이러한 서술을 하는 것은 정확히 역사학자로서이며, 불자들의 삶에 관한 이러한 진리를 이해하지 못하는 사람은 어느 누구도 인간의 역사를 오해해왔을 뿐이라고 스미스는 자신 있게 말한다. Wilfred Cantwell Smith, "Theology and the World's Religious History," *Towards a Universal Theology of Religion*, ed. Leonard Swidler (New York: Orbis Books, 1987), p.63. 또한 우리는 여기에서 스미스가 초월(transcendence)이라는 개념을 어떠한 의미에서 쓰고 있는지 유념할 필요가 있다. 신앙의 사람들과 공동체들은 일반적으로 자신들이 신앙의 형식적 표상들 안에서 일상적 세계 너머의 어떤 것 혹은 어떤 분, 혹은 자신들 내면이나 주변에 있지만 자신들보다 위대하며 자신들을 "넘어서는(above)" 어떤 것과 접하고 있다고 인식해왔다는 데 스미스는 주목한다. 그것은 그들의 파악을 넘어서지만 그들이 닿을 수 없는 것은 아니다. 그들이 완벽한 이해(conprehension)를 할 수는 없지만, 소박한 이해(apprehension)는 할 수 있는 것이다. 이것을 스미스는 '초월(transcendence)'이라고 부른다. 곧 우리는 스미스가 '초월'이라는 개념을 매우 폭넓은 의미에서 사용하고 있다는 것을 알 수 있다. Wilfred Cantwell Smith, *Patterns of Faith Around the World* (Oxfrod: Oneworld Publications, 1998), pp.13-14. 또한 우리는 여기에서 '실재'(reality)라는 말이 다소 별개의 독립적인 실존적 존재로서의 의미를 지니는 '실체'(entity)라는 말보다 매우 광범위한 의미에서 사용되고 있음에 유의할 필요가 있다.

되고 영원하게 있는 그러한 우주에서 산다는 것이 붓다가 선포하고 그의 가르침이 세계의 절반 가까이에 전파한 복음이다.

우주가 그가 이해하고 가르친 대로가 아니라면 인간은 의지할 곳이 없다……

초기불교의 가르침이 염세적이라고 때때로 말해지곤 해왔다. 이것은 그를 뿐이다. 초기불교의 선포는 복음이고 복된 소식이고 그것이 없으면 황량하고 괴로운 인생에 숭고함과 승리를 있게 하는 진리를 발견했다는 기쁨에 찬 선포이다. 덧없음이 최종적 단어가 아닌 우주에 태어난 것은 사람에게 있어 실로 행운이다. 다르마가 있기 때문에 그는 구원될 수 있다.[42]

캔트웰 스미스의 이러한 지적은 불교가 염세적이라는 그릇된 이해에 찌들어 있는 사람들이 꼭 귀담아들어야 할 것이다. 다시 말하지만, 이러한 그의 고찰은 믿음체계만이 아니라 그 믿음체계에 대한 신앙인들의 마음을 중시하는 연구 태도가 얼마나 중요한가를 보여준다. 이러한 논리 속에서 켄트웰 스미스는 불교의 다르마가 그리스도교의 하느님과 대응되고 따라서 불교는 간접적인 근거에서만이 아니라 직접적인 근거에서도 종교적임을 다음과 같이 밝히고 있다.

우리는 시작 부분에서 말하기를, 초기불교 운동은 종교적이라고 하면서 그 점을 확고하게 하기 위해 초기불교 운동이 불자들의 삶에서 다른 종교적 패턴에서 하는 역할과 유사한 역할을 했음을 지적했다. 우리는 이제 이러한 간접적인 논증을 넘어서 불교 공동체 내부의 직접적인 상황에로 나아간다. 곧 불교를 통해서 서구세계에서 전통적으로 하느님의 현존이라고 불러온 것 속에서 사람들이 삶을 이루어 왔기 때문에 초기불교 운동은 종교적이다. 그들은 자신들의 믿음체계를 통하여 신앙의 삶을 살 수 있게 되었다. 그들은 초월을 맛보았고, 따라서 그들의 삶은 연민과 용기와 평온함과 궁극적 의의에 의해 촉발되었다.[43]

---

42) Wilfred Cantwell Smith, *Faith and Belief* (Princeton University Press, 1979), pp.28-29.
43) ibid., p.32.

　그는 이처럼 불교가 종교적이라고 불리어야 한다는 지적에서 더 나아가 직접적으로 붓다의 다르마에 대한 신앙이 하느님에 대한 신앙이라고 이해될 수 있는가에 대하여 다음과 같이 말한다.

　　붓다와 그의 추종자들이 신을 믿었는가라는 질문(여기에 대한 답은 분명히 "아니오"이다)으로부터 그들이 신에 대한 신앙을 갖고 있었는가라는 질문으로 전환함으로써 우리는 이에 대한 답이 "예"일 수 있고 "예"임에 틀림없다는 것을 증명했기를 희망한다. 적어도, 부분적으로라도 하느님이라는 말로 자신이 신앙을 갖고 살아가는 그 우주의 특성 혹은 실재를 의미한다면, 그 답은 "예"가 될 것이다.[44]

　곧 캔트웰 스미스는 피상적인 외면적 고찰에 그치지 않고 붓다의 내면적 삶에 들어간다면 붓다를 비롯한 불자들이 '신'에 대한 신앙을 갖고 살아왔다고 긍정할 수밖에 없음을 역설한다. 그리고 이러한 고찰은 서구에서의 하느님에 대한 이해를 더욱 폭넓게 할 것이라는 자신의 확신을 다음과 같이 말한다.

　　실제로 요즈음 긍정하기 위해서든 부정하기 위해서든 "하느님"이라는 말을 사용하는 서구인들은 그 개념에 대한 자신들의 의미에서 이러한 특성이나 실재를 기꺼이 포함할 것이고 혹은 포함하지 않을 수 없을 것이라고 쉽게 말할 수 있다. 확실히 이러한 불자들의 통찰을 그들이 믿거나 믿지 않는 그것에 통합시켜야 할 때가 도래했다.[45]

　이처럼 하나의 지구촌에서 개념적 이해를 새롭게 해야 할 필연성을 강조하면서 스미스는 우리가 참으로 이해하고자 하는 궁극적인 것은 신앙에 있음을 다음과 같이 뚜렷하게 밝힌다.

---

44) ibid., p.32.
45) ibid.

붓다는 확실히 신앙을 갖고 있었다. 위대하고 감화력이 있고 창조적인 신앙을 갖고 있었다. 그 신앙은 인류사의 모습에, 사람들의 인격적 삶에 강력하게 영향을 주어 왔다. 그가 그러한 신앙을 가지고 있었다는 것은 사실이다. 우리가 그것을 하느님에 대한 신앙이라고 불러야 하는가 여부는 직접적으로 그가 우주에 대해서 무엇을 생각했는가가 아니라 우리[서양 그리스도인들]가 우주에 대해서 무엇을 생각하는가에 달려 있다.[46]

곧 붓다는 우주가 단순히 덧없는 흐름의 연속만으로 이루어져 있다고 하면서 절망한 것이 아니라 그러한 흐름을 초월하는 질서 곧 초월적 실재에 대한 통찰과 응답으로서 창조적인 신앙을 갖고 있었던 것이다. 그리고 그 신앙을 하느님에 대한 신앙이라고 부르느냐 여부는 그리스도인들이 '하느님에 대한 신앙'이라는 개념에 우주에 있어서의 초월적 실재에 대한 통찰과 응답을 포함시키느냐 여부에 달려 있는 것이다. 곧 초월적 실재에 대한 통찰과 응답으로서 신앙의 삶의 차원을 바라보면서 종교전통을 이해할 때 불교와 그리스도교는 서로에 대한 피상적이고 형식적인 비교를 넘어서 서로의 신앙적 차원에서 심층적 이해로 다가갈 수 있는 것이다.

5질 스미스의 다르마 이해의 의의

그의 이러한 연구는 신앙인으로서의 붓다를 새롭게 바라보게 해준다. 기존의 서구에서의 불교에 대한 연구는 논리적 측면에서는 엄청난 업적을 이루어 왔음을 인정하지 않을 수 없으나, 신앙인으로서의

---

46) ibid.

붓다를 밝혀내는 데에는 너무 소홀했다는 지적을 면할 수 없다. 그러한 연구 시각은 다시 근대의 동양 내지 한국으로 역수입되어 학자 내지 지식인들뿐만 아니라 일반 불자들에게까지 왜곡된 불교관이 확산되도록 하였다. 곧 구체적인 맥락의 제한도 설정하지 않은 채 불교는 신앙의 종교라기보다는 자력적인 깨달음의 종교이며 무신론적인 종교라고 너무 스스럼없이 이야기하는 풍토가 광범위하게 자리 잡게 된 것이다.47) 또한 다소 과장된 것일 수도 있지만, 그리스도인들에게 불교는 염세적이고 이지적 종교일 뿐이고, 붓다는 '천상천하 유아독존'의 오만방자한 인간이라는 인식이 형성된 것이다.

이러한 인식을 캔트웰 스미스의 새로운 연구는 설득력 있게 뒤집는다. 곧 신앙의 시각에서 불교의 사료들에 접근할 때 우리는 붓다의 인격의 진면목에 새롭게 다가서게 된다. 붓다는 자신의 깨달음에 있어서 이지적이고 확신을 가졌다는 점에서는 변함이 없으나 그것만이 전부는 아니었던 것이다. 그의 확신은 다르마라는 초월적 실재에 대한 공경과 경외를 함께 지니는 확신이었다. 그는 결코 다르마를 자신의 임의대로 지어낸 것이 아니다. 그는 다르마를 발견하고 다르마를 공경하였으며, 다르마를 공경하는 것이 우리를 열반의 궁극적 지복의 경지로 이끌어준다는 기쁨의 가르침을 사람들에게 전파하는 데 일생을 아낌없이 바친 사람인 것이다. 『상유타 니카야』의 「브라흐마 숫타」의 "외경에 대하여"라는 장에는 이러한 붓다의 모습을 전형적으로 드러내고 있는 다음과 같은 내용이 실려 있다.

세존께서 깨달음을 이룬 바로 뒤였다. 그가 고요히 명상할 때에 그의 마음속에 다음과 같은 생각이 떠올랐다. '아무에게도 외경을 하지 않고

---

47) 오늘날은 인터넷의 발달로 인터넷 사용자들에 대한 검색을 통해서 얼마나 많이 이러한 견해가 유포되고 있는가를 손쉽게 알 수 있다. 영어권의 상황에 대해서도 www.yahoo.com에서 Buddhism과 atheism 혹은 non-theism을 조합해서 검색해보면 불교가 무신론이라는 인식이 매우 광범위하게 유포되고 있음을 알 수 있다.

보다 나은 존재에게 순종을 하지 않고 사는 것은 옳지 못하다……내가 깨 달은 이 다르마를 섬기며 외경하고 존경하며 산다면 어떨까?'

이때에 브라흐마 사함파티가……세존 앞에 나타나 다음과 같이 말한다. "그렇습니다. 세존이시여! 그렇습니다. 세존이시여! 과거의 아라한, 붓다, 세존들도 다르마를 섬기며 외경하고 존경하며 살았습니다. 앞으로 아라한, 붓다, 세존이 될 분들도 다르마를 섬기며 외경하고 존경하며 살 것입니다. 붓다이신 세존께서도 오직 다르마를 섬기며 외경하고 존경하며 사소서."48)

여기에서는 역사상의 붓다만이 아니라 그 이전의 붓다와 그 이후의 붓다 및 깨달은 모든 이들이 "다르마를 섬기며 외경하고 존경하며" 산다고 밝히고 있다.

캔트웰 스미스의 제자 가운데 한 명인 존 로스 카터(John Ross Carter)는 자신의 저서 『종교적 개념으로서의 다르마에 대한 연구-서구 학계와 스리랑카 불자들의 해석을 중심으로』(Dhamma, Western Academic and Sinhalese Buddhist Interpretations, A Study of A Religious Concept)의 서두에서 자신의 이 연구가 불교학자인 마사토시 나가토미 (Masatoshi Nagatomi)와 더불어 윌프레드 캔트웰 스미스의 지도와 격려로 인해 시작되고 계속될 수 있었다고 하면서 각별한 감사를 표하고 있으며,49) 결론에서는 스리랑카 불자들에 있어서의 다르마에 관하여 다음과 같이 이야기한다.

---

48) *The Book of the Kindred Sayings(Sanyutta Nikāya) or grouped suttas: part I. kindred sayings with verses(Sagāthā-vagga)*, Trans. Mrs. Rhys Davids, M.A, (London: the Pali Text Society, 1917), pp.174-176. Mrs. Rhys Davids는 붓다의 "내가 깨달은 이 다르마를 섬기며 외경하고 존경하며 산다면 어떨까?"라는 말에 대한 각주에서 다르마(팔리어로 Dhamma)가 남성형 명사(Dhammo)로 쓰여 다르마를 신으로 해석하게 하는 역할을 했을 것이라고 말하고 있다. 앞에서도 시사했거니와 다르마는 불교의 일파, 특히 대승불교의 많은 부파에서는 법신불로서 공식적으로 신에 대응하는 초월적 실재로서 외경의 대상이 된다.

49) John Ross Carter, *Dhamma, Western Academic and Sinhalese Buddhist Interpretations, A Study of A Religious Concept,* (Tokyo: The Hokuseido Press, 1978), p.ⅵ.

다르마는 구원적 진리로서 역사에 있어서 한 중대한 사건 곧 붓다가 다르마를 재발견해서 사람들에게 이야기해준 사건으로 인하여 사람들이 접근할 수 있게 되었다. 이 진리는 그 자체가 항구적이며 그 진리에 관하여 붓다가 이야기한 것이 여러 세기 동안 사람들에 의하여 전해져 내려왔기 때문에 오늘날 사람들도 접근할 수 있다. 이 진리는 접근될 수 있는 진리이며, 사람들은 진실하게 삶으로써, 그 권위적인 가르침이 이야기하는 그 진리에 따라서 삶으로써 그 진리에 참여할 수 있는 것이다. 그리고 그렇게 살아가는 가운데 진리는 살아난다. 구원적 진리는 접근될 수 있으므로 사람들은 그 진리를 파악할 수 있다. 사람들은 그 진리에 따라 삶으로써 그 진리를 더욱더 깊이 통찰할 수 있으며, 결실을 맺는 순간에 그 진리는 온전히 구현된다.[50)]

곧 존 로스 카터는 다르마가 항구적 진리로서 붓다 이래의 축적적 전통을 통하여 스리랑카 불자들에게 접근되어 왔으며, 스리랑카 불자들은 그 진리에 대하여 통찰함과 아울러 실천적 응답을 하는 가운데 더욱더 깊이 있는 통찰로 인도되어 왔다는 것을 뚜렷이 이야기하고 있다.

요컨대 캔트웰 스미스는 믿음체계의 형식적 비교를 극복하고 신앙적 차원에서 교리체계를 심층적으로 해석함으로써 그리스도교와 불교의 깊이 있는 상호 이해를 가져왔다고 하겠다. 곧 남방 상좌 불교에 있어서 다르마를 하느님과 유비하여 고찰한 그의 연구는 불교를 신앙적 차원에서 이해하는 데 초점을 맞춤으로써 기존의 무미건조하고 피상적인 이해를 벗어나 그 인격적 깊이를 바라다볼 수 있게 하는 데 있어서 성공적인 업적을 이루었다고 하겠다.

---

50) John Ross Carter, *Dhamma, Western Academic and Sinhalese Buddhist Interpretations, A Study of A Religious Concept,* (Tokyo: The Hokuseido Press, 1978), p.179.

2부

윌프레드 캔트웰 스미스의
관점에서 본 대승기신론

1장 대승기신론 개관

　우리는 1부에서 종교를 단순히 교리체계에 대한 믿음이 아니라 초월적 실재에 대한 통찰과 응답으로서의 인격적 신앙에 초점을 맞추어 종교적 전통을 바라볼 때에 올바르게 이해할 수 있다는 캔트웰 스미스의 주장과 아울러, 그가 그러한 시각에서 그리스도교와 불교를 새롭게 이해하는 과정을 살펴보았다. 곧 그는 그리스도교가 하느님을 단순히 대상적 존재자 가운데 하나로 믿는 유치한 종교가 아니라 인격적 신앙의 기반이 되는 초월적 실재이자 주체적 실재로서의 하느님을 섬기는 고차원적인 종교임을 뚜렷이 이야기한다. 그리고 그는 불교가 어떠한 초월적 실재에도 기반을 두지 않는 자력종교에 불과한 허무주의적인 무신론이 아니라 다르마(Dharma)라고 하는 뚜렷한 초월적 실재에 대한 통찰과 응답으로 이해될 수 있다는 것을 명료하게 밝히고 있다. 곧 우리는 스미스의 시각을 통해서 그리스도교와 불교를 단순히 어떤 불합리한 교리에 대한 믿음이 아니라 초월적 실재에 대한 뚜렷한 통찰과 응답으로서 이해할 수 있었고 따라서 그리스도교와 불교가 유신론과 무신론으로서 서로 빙탄불상용(氷炭不相容)식의 대립이 아니라 서로에 대한 심층적 이해를 통하여 종교 간의 평화는 물론이고 스스로의 신앙을 풍요롭게 할 수 있음을 보았다.

　2부에서는 스미스의 이러한 시각에 힘입어 대승불교 전통에서 그리스도교의 4복음서에 비견되는 역할을 해왔다고 일컬어지는 『대승기신론(大乘起信論)』에 대한 이해를 시도하고자 한다. 이러한 시도는 스미스가 남방 상좌부 불교 전통을 통해서 그리스도교와 불교의 상호 이해를 시도한 것에서 한 걸음 더 나아가 대승불교 전통을 통한 상호 이해의 시도라고 할 수 있다.

보수적이고 엄격한 교리체계를 지닌 남방 상좌부 불교 전통에 비해서 대승불교 전통은 매우 폭넓은 관용성과 함께 부처와 보살들에 대한 다채로운 신앙 형태를 발전시켜온 것은 주지의 사실이다. 그러나 대승불교에서는 이러한 신앙 형태에 대하여 단지 방편일 뿐이며 근기가 낮은 중생들을 위한 것에 불과하다고 하는 입장 또한 있어 왔음을 간과할 수 없다. 이러한 점에서 대승불교와 그리스도교의 상호 이해는 상좌부 불교와 그리스도교의 상호 이해에 비해서 그다지 쉽다고만 할 수는 없는 것이다.

그러나 스미스의 시각 곧 종교전통을 단지 그 외면적 표현만을 고려하는 것이 아니라 초월적 실재에 대한 인격적 통찰과 응답이라는 신앙의 차원에서 심층적으로 이해하고자 할 때 대승불교와 그리스도교의 상호 이해는 새로운 차원에 들어선다. 우리는 단지 방편적으로 인정되는 신앙의 낮은 차원이 아니라 그 핵심적 차원에 있어서 초월적 실재에 대한 통찰과 응답으로서 대승불교를 심층적으로 이해하는 가운데 그리스도교와의 상호 이해를 추구할 수 있게 되는 것이다.

요컨대, 본서에서는 『대승기신론』을 초월적 실재에 대한 통찰이자 응답으로서의 신앙을 일깨우고자 하는 종교적 경전이라는 시각에서 이해해보고자 한다. 본 장에서는 대승기신론의 역사적 의의 및 그 구조를 살펴볼 것이고, 2장에서는 대승기신론에서의 진여가 초월적 실재로서 어떻게 이해될 수 있는지를 살펴볼 것이며, 3장에서는 이러한 고찰을 기반으로 해서 대승기신론이 신앙 곧 초월적 실재에 대한 통찰이자 응답으로서 어떻게 이해될 수 있는지를 살펴보고자 한다.

1절 대승기신론의 역사적 의의

오늘날 대승불교 경전에 있어서 거의 표준적 전거로 활용되고 있는 대정신수대장경(大正新脩大藏經)에는 대승기신론에 있어서 진제(眞諦 Paramārtha, 499-569)에 의한 번역본과 실차난타(實叉難陀 Śikṣānanda, 652-710)에 의한 번역본이 실려 있다. 진제의 것을 구역(舊譯), 실차난타의 것을 신역(新譯)이라고도 하는데, 실차난타의 신역은 인도에서 찬술된 것에 대한 번역본인지 여부가 문제시되고 있을 뿐만 아니라, 심지어 구역을 현장(玄奘 602-664)이 산스크리트로 다시 번역해서 인도로 보낸 것을 재차 한문으로 번역한 것이라는 설도 있다. 또한 신역은 그 내용에 있어서 구역을 그대로 따르고 있는 부분이 많고 더군다나 구역에 있어서 난해한 부분이나 애매한 부분은 생략하거나 쉬운 표현으로 대치한 곳이 많다. 이러한 사정 때문인지 신역은 전통적으로 구역에 비해 거의 무시되어 왔다.[1]

진제의 번역본에 있어서는 그 앞에 첨부되어 있는 지개(智愷)의 서문에 대승기신론이 여래의 입멸 후 600여 년 뒤(기원후 1-2세기)에 마명(馬鳴)에 의하여 저술되었으며 양(梁)나라 승성(承聖) 3년(554년)에 형주(衡州) 시흥군(始興郡) 건흥사(建興寺)에서 진제(眞諦 Paramārtha, 499-569)에 의하여 번역된 것으로 진하고 있다.[2] 곧 대승기신론은 전동적으로는 마명(馬鳴 Aśvaghosha, 기원후 1-2세기경 활약)에 의하여 저술되고 진제(眞諦 Paramārtha, 499-569)에 의하여 554년에 한문으로 번역된 것

---

1) *The Awakening of Faith-Attributed to Aśvaghosha*, Trans. Yohito S. Hakeda (New York: Columbia University Press, 1967), pp.8-9.

2) 『大正新脩大藏經』권32, 高楠順次郎 편(東京: 大藏出版株式會社, 1925), p.575a-b. *The Awakening of Faith-Attributed to Aśvaghosha*, Trans. Yohito S. Hakeda (New York: Columbia University Press, 1967), pp.8-9.

으로 알려져 온 것이다.

그러나 근대에 이르러 다른 경전들과 달리 대승기신론의 경우에 산스크리트어 원문이나 티베트어 판본이 전혀 발견되지 않는 점이 문제시됨과 아울러 일본을 비롯해서 구미 각국에서 문헌비평이 왕성하게 일어나면서 여러 가지 이설들이 또한 주장되어 왔다. 그러한 연구 결과 적어도 기원후 1-2세기경에 활약한 소승불교 계통의 저술가인 마명이 그 후 수 세기가 지나서야 나타나게 되는 대승불교 사상을 품고 있는 논서를 저술했을 수는 없다는 것에는 이의가 없게 되었다.3)

그러나 대승기신론의 원문이 어디에서 누구에 의하여 저술되었으며 과연 진제가 번역한 것인가에 관해서는 아직도 이설이 분분하다. 오늘날 대체로 일본학계에서는 히라카와 아키라(平川 彰)와 카마타 시게오(鎌田茂雄)와 카시와기 히로오(柏木弘雄) 등의 대표적인 학자를 중심으로 번역과정에서 중국인들의 참여와 영향이 무시될 수는 없지만 원문은 인도에서 찬술된 것으로 추정하고 있다.4) 반면에 영어권에서는 훼일런 라이(Whalen Lai)와 피터 N. 그레고리(Peter N. Gregory) 등을 중심으로 아예 중국에서 중국적인 사상의 심각한 영향 하에 저술된 위경(僞經)으로 추정하고 있다.5) 다시 말해서 둘 다 현존하는 한문본 대승기신론에 있어서 중국적 영향을 인정하기는 하지만 그 영향을 얼마나 심각하게 볼 것이냐에 따라 인도 찬술설과 중국 찬술설로 입장을 달리하게 되는 것이다. 이러한 현상은 새로운 결정

---

3) *The Awakening of Faith-Attributed to Aśvaghosha*, Trans. Yohito S. Hakeda (New York: Columbia University Press, 1967), pp.5-6.

4) 平川 彰, 『大乘起信論』(佛典講座22)(東京: 大藏出版株式會社, 1973). 鎌田茂雄, 『大乘起信論物語－中國佛教の實踐者たち』(東京: 大法輪閣, 1987). 柏木弘雄, 『大乘起信論の硏究』(東京: 春秋社, 1981)

5) Whalen Lai, *The Awakening of Faith in Mahayana-A Study of the Unfolding of Sinitic Mahayana Motifs* (Cambridge: Harvard University, 1975). Peter N. Gregory, "Awakening of Faith in Mahayana," *Encyclopedia of Philosophy*, ed. Edward Craig (New York: Routledge, 1998)

적 증거가 나오지 않는 한 조만간 해소되기는 어려울 듯하다.

이처럼 대승기신론의 원문이 어디에서 저술되었느냐와 함께 문제되는 것은 대승기신론 자체의 내용이 충실히 전해져 왔느냐이다. 곧 대승기신론에 관한 정체성 논란은 대승기신론 자체뿐만 아니라 대승기신론에 대한 주석서에서도 일어난다. 대승기신론의 주석서로서는 전통적으로 혜원(慧遠, 523-592)의 『대승기신론의소(大乘起信論義疏)』와 원효(元曉, 618-686)의 『기신론소(起信論疏)』와 법장(法藏, 643-712)의 『대승기신론의기(大乘起信論義記)』가 '기신론삼대소(起信論三大疏)'라고 불리며 중시되어 왔다. 그 가운데 법장의 『대승기신론의기』가 가장 널리 읽혀져 왔으나 이 저서는 원문 그대로가 아니라 종밀(宗密, 780-841)에 의하여 다소의 재편집을 거치고 『기신론주소(起信論註疏)』라는 제목으로 개명되어 유통되어 왔다. 이러한 과정에서 문제시되는 것은 우선 법장이 기신론에 대한 주석을 쓰면서 기신론의 사상을 왜곡시켰느냐 여부이고, 그에 이어서 종밀이 법장의 주석서를 재편집하면서 법장의 해석을 거듭해서 왜곡시켰느냐 여부이다. 중국에서 기신론이 주로 법장의 주석서와 함께 유통되어 왔으며, 종밀의 편집 이후에는 종밀이 편집한 판본으로 주로 유통되어 왔다는 점에서 이러한 문제는 불교권 내에서 심각하게 논의되고 있다. 국내에서는 박태원과 은정희 등이 법장의 기신론 해석에 대하여 문제를 제기하고 있다.6) 일본에서는 봉담(鳳譚)이 1701년에 『기신론의기한호록(起信論義記幻虎錄)』을 저술하여 종밀의 재편집을 비판하면서 법장의 주석서 원문의 중요성을 강조한 이래 종밀의 편집본보다는 법장의 주석서 자체가 중시되어 왔다.

그러나 이러한 다양한 관점은 대승기신론의 원저자나 정확한 의미에 대한 서로 간의 견해 차이에도 불구하고 기신론 자체의 중요성과

---

6) 박태원, 『大乘起信論思想硏究(1)』 (서울: 민족사, 1994).
　　은정희, 「대승기신론관(大乘起信論觀)에 있어서의 원효와 법장의 차이」, 중국학보 31집(한국중국학회, 1991).

그 영향력을 인정하는 데 있어서는 이의를 달지 않는다. 하케다는 대
승기신론의 원저자 문제에 관하여 다음과 같이 말한다.

> ……우리는 또한 옛날 인도 사람들이 책을 쓰는 것이나 책에 저자 이
> 름을 붙이는 것에 대하여 어떤 태도를 갖고 있었는가를 염두에 둘 필요가
> 있다. 비교적 초기에 편찬된 팔리어 율서는 물론이요, 석가 입적 후 수 백
> 년이 지난 뒤에 편찬된 대승불교의 경전도 모두 석가 자신이 직접 한 말
> 처럼 기록되어 있는 것이다. 그 당시의 이러한 관행은, 결코 책임 회피나
> 사칭을 목적으로 한 것이 아니라, 진정한 경건의 발로였다. 시시한 글 한
> 편 써 놓고도 인정을 받고자 아우성치는 현대의 저자들과는 달리, 고대
> 불교경전의 필자들은 자신의 존재를 지워버림으로써 그 종교의 영광을 드
> 높이려고 한 것이다. 이런 점으로 보아, 기신론을 올바르게 평가하는 가장
> 좋은 방법은 저작자의 문제를 한 쪽으로 젖혀두고 오로지 그 내용에 주의
> 를 집중하는 것이라고 생각된다.[7]

곧 하케다는 전통적인 불자들의 집필 태도 자체가 집필자를 드러내
고자 하는 태도보다는 종교적 내용을 알리고자 하는 데에 초점을 두고
있다는 것에 초점을 맞추면서 오늘날의 학자들도 그 내용에 주의를 기
울일 것을 촉구하고 있는 것이다. 이처럼 종교적 내용에 초점을 맞추
자고 하는 태도는 캔트웰 스미스가 종교적 내용으로서의 신앙에 초점
을 맞추자고 하는 태도와 일맥상통하는 것이라고 할 수 있다.

곧 대승기신론의 원저자가 누구이냐 혹은 인도 찬술이냐 중국 찬술
이냐에 따라서 대승기신론을 평가하려고 하기보다는 그 자체의 신앙
적 내용에 초점을 기울여야 한다는 것이다. 부연한다면, 대승기신론에
대한 주석서들에 있어서도 얼마나 대승기신론을 정확하게 해석하고

---

7) *The Awakening of Faith-Attributed to Aśvaghosha*, Trans. Yohito S. Hakeda (New
York: Columbia University Press, 1967), pp.6-7. 馬鳴著·眞諦 漢譯『大乘起信論』李
烘雨 번역·주석(서울: 경서원, 1991), p.235.

있는가에 따라서 그 주석서들을 재단하고 평가할 것이 아니라 그 주석가들이 대승기신론을 통해서 어떠한 신앙을 체험하고 그 체험을 어떻게 표현하고 있는가에 초점을 맞춤으로써 우리는 보다 풍요로운 이해에 접근할 수 있는 것이다.

2절 대승기신론의 구조

오늘날 주로 활용되고 있는 대승기신론의 판본으로는 고려대장경의 판본 및 대정신수대장경에 실려 있는 판본과 아울러 우이하쿠주(宇井伯壽)의 판본이 있다. 대정신수대장경의 판본과 우이하쿠주의 판본은 모두 고려대장경의 판본을 저본으로 하여 여타의 판본에 대한 비교 검토를 통하여 보완된 것이다. 앞에서 살펴보았듯이 대정신수대장경에는 다소 내용이 의심스러운 지개의 서문이 첨부되어 있어서 거기에 실려 있는 대승기신론 자체도 다소 의심스럽다는 평가 때문에 우이하쿠주의 판본이 선호되는 경향도 다소 있다. 본서에서는 일반적인 관행에 따라 대정신수대장경 판본을 기반으로 하되 우이하쿠주의 판본을 보조적으로 참조하기로 한다.

대승기신론의 내용은 크게 서분(序分)과 본문인 정종분(正宗分)과 유통분(流通分)으로 나뉜다. 서분에는 귀경게(歸敬偈)라고 하여 불교경전의 일반적 관행에 따라 삼보에 귀의하는 내용이 실려 있으며, 유통분 역시 불교경전의 일반적 관행에 따라 자신의 공덕을 일체 중생에게 회향(回向)하는 내용이 실려 있다.

정종분은 다시 인연분(因緣分), 입의분(立義分), 해석분(解釋分), 수

행신심분(修行信心分), 그리고 권수이익분(勸修利益分)으로 나누어진
다. 인연분은 대승기신론을 짓게 되는 까닭을 이야기하고 있으며, 입
의분은 대승기신론의 개요를 천명한다. 그다음의 해석분이 대체로 대
승기신론의 이론적 내용을 이루고 있으며, 수행신심분은 그러한 내용
에 따라서 어떻게 수행해나갈 것인가를 밝히는 부분이다. 권수이익분
은 대승기신론 자체를 소중히 하는 것의 이로움을 밝히고 있다. 요컨
대 해석분과 수행신심분이 골자를 이루고 있으며 나머지 부분들은 그
두 부분을 보조한다고 할 수 있다. 이러한 구분을 대승기신론의 제목
에 따라 말한다면 대승(大乘)에 해당하는 부분이 해석분이고 기신(起
信)에 해당하는 부분이 수행신심분이라고 할 수도 있다.

위와 같이 대승기신론을 목차에 따라서 그 내용을 정리할 수도 있
지만, 전통적으로 그 가르침의 내용에 따라서 일심(一心), 이문(二門),
삼대(三大), 사신(四信), 그리고 오행(五行)으로 정리하는 것도 일반적
이다. 곧 우선 대승기신론에서 가장 중요한 핵심인 일심을 먼저 말하
고, 그다음에 일심을 진여문(眞如門)과 생멸문(生滅門)의 두 가지 차
원에서 이야기하고, 그다음에 여래장(如來藏)이라고 일컬어지기도 하
는 진여(眞如)의 체(體)와 상(相)과 용(用)의 삼대(三大)를 이야기한다.
그리고 이러한 일심에 관하여 네 가지 차원에서의 신앙을 이야기하는
것이 사신(四信)이며, 다섯 가지 실천을 이야기하는 것이 오행(五行)
이다. 여기에서도 일심과 이문과 삼대는 대승(大乘)으로서의 일심에
대한 것이며 사신과 오행은 그 대승에 대한 신앙으로서의 기신(起信)
에 대한 것이라고 할 수 있다.8) 다만, 이러한 구조에서는 아미타불에
대한 신앙을 설하는 부분이 생략되는 문제가 있다.9)

---

8) *The Awakening of Faith-Attributed to Aśvaghosha*, Trans. Yohito S. Hakeda (New
York: Columbia University Press, 1967), pp.11-12. Whalen Lai, *The Awakening of
Faith in Mahayana-A Study of the Unfolding of Sinitic Mahayana Motifs* (Cambri-
dge: Harvard University, 1975), pp.66-78.

9) 전해주 스님은 본 연구가 박사논문으로 제출되어 심사되는 과정에서, 아미타불에 대

이러한 구조의 맥락에서 하케다는 대승기신론에 관하여 다음과 같이 설명한다.

> 이 저술은 대승불교의 핵심을 포괄적으로 요약한 것으로서, 종합하는 일에 비상한 능력을 가지고 있는 사람의 소산이다. 이 저술은 먼저 '절대자'와 '현상세계', 또는 '깨달음'[覺]과 '깨닫지 못함'[不覺]의 성격과 양자 사이의 관계를 고찰한다. 그다음에 이 저술에서는, 사람이 유한한 현상계의 한가운데 머물러 있으면서도 어떻게 그 유한한 경지를 초월하여 무한자의 삶에 참여할 수 있는가 하는 문제를 다룬다. 그리고 마지막으로 이 논문에서는 수행자의 신앙을 일깨워주고 자라도록 해줄 구체적인 수행 방법을 논의한다.10)

곧 하케다는 대승기신론의 대강에 대하여 간결하게 그 핵심을 이야기하고 있으니, 절대자의 세계에로 초월하는 삶에 참여하는 문제를 다루는 것이 대승기신론이라는 것이다. 다시 말해서 그는 초월적 실재에 대한 통찰과 응답이라는 스미스의 신앙관에 일맥상통하는 입장을 보여주고 있다고 하겠다. 다음 장에서는 이러한 시각에 초점을 맞추어 대승기신론에서 초월적 실재가 어떻게 논의되고 있는지를 살펴보기로 한다.

본서에서는 대승기신론을 이해함에 있어서 원효의 『대승기신론 소·별기(大乘起信論疏·別記)』를11) 중심으로 살펴보기로 한다. 중국과 일

한 신앙이 육자법문(六字法門)으로서 한국 불교전통에서 대승기신론을 가르치고 배우는 데 있어서 핵심적으로 중요한 위치를 차지하고 있음을 뚜렷이 이야기하였다.

10) *The Awakening of Faith-Attributed to Aśvaghosha*, Trans. Yohito S. Hakeda (New York: Columbia University Press, 1967), p.3. 馬鳴著·眞諦 漢譯『大乘起信論』李烘雨 번역·주석(서울: 경서원, 1991), p.232.

11) 元曉,『大乘起信論疏記會本』, 韓國佛敎全書1, (서울: 동국대출판부, 1979), pp.733-789. 본서에서는 대승기신론에 대한 원효의 소(疏)와 별기(別記)를 살펴봄에 있어서 일반적 관례에 따라 『大乘起信論疏記會本』의 원문을 참조하고자 한다. 다만, 소(疏)와 별기(別記)의 사상적 차이가 박태원 등에 의하여 다소 논란의 대상이 되고 있기도 하다. 한글 번역에 있어서는 주로 은정희 교수가 역주한 『원효의 대승기신론 소·별

본에 있어서 가장 크게 영향력을 미친 것은 법장의 『大乘起信論義記』
이다. 따라서 대승기신론의 해석사를 살펴봄에 있어서는 법장의 주석
서가 필독서가 됨은 물론이지만, 법장의 주석서는 또한 원효의 주석서
에 크게 영향을 받고 있다. 곧 대승기신론의 해석사를 살펴봄에 있어
서 우선적으로 원효의 주석서를 중심으로 대승기신론을 이해하는 것이
마땅할 것이다.

기』(서울: 일지사, 1991)를 따르되, 다소 애매한 부분이나 모호한 부분에 있어서는
첨삭이나 교정을 가하기로 한다.

2장　초월적 실재로서의 일심(一心)

　우리는 1부에서 스미스가 불교를 이해함에 있어서 남방 상좌부 불교에서의 다르마(Dharma)에 초점을 맞추어 초월적 실재에 대한 통찰과 응답으로서 불교의 신앙적 특성을 명료화하고 있는 것을 보았다. 곧 상좌부 불교에서 다르마는 덧없는 생멸의 속박으로부터 우리의 구원을 가능하게 하는 초월적 실재라는 것을 우리는 여실히 볼 수 있었다. 그러면 대승불교에서는 이러한 신앙적 특성이 어떻게 드러나고 있는가?

　대승기신론 이전의 대승불교의 사상은 개괄적으로 이야기하자면, 반야경 계통으로부터 발전하는 공(空) 사상과 이러한 공 사상을 계승 내지 비판하면서 발전하는 유식(唯識) 사상, 그리고 독자적인 학파로는 성립되지 않았지만 초기불교의 심성본정설(心性本淨說)로부터 발전해오면서 중요한 사상적 흐름을 형성해온 여래장사상의 세 갈래로 이야기할 수 있다. 대승기신론은 이 세 갈래의 흐름이 합류하는 지점에서 성립되는 것이다.

　히라카와 아키라(平川彰)는 반야사상에 관련하여 다음과 같이 말한다.

　반야바라밀(prajñāpāramitā)이란 '지혜의 완성'이라는 의미이다. 바라밀(pāramitā)은 '완전'이라는 의미인데, 지도론(智度論)에서는 '도피안(到彼岸)'의 뜻으로 해석되며, 피안 즉 깨달음의 언덕(岸)으로 건너간다(건네준다)는 의미로 이해되었다. 그리하여 '지도(智度)'라고도 번역되었다. ≪대지도론≫의 '지도(智度)'는 반야바라밀(prajñāpāramitā)의 역어이다. 바리밀로서의 지혜는 '공(空)의 지혜'이며, 사로잡힘이 없는 입장이다. 따라서 '완성'이라고 하더라도 완성을 목적으로 하지 않는 완성이며, 이상을 향해 영원히 나아가는 실천적인 지혜이다.[1)]

반야에 대한 히라카와 아키라의 이러한 고찰은 캔트웰 스미스의 신앙에 대한 이해와 정확하게 부합하고 있다. 초월적 이상을 향해 영원히 나아가는 실천적인 지혜가 반야이며 이러한 반야는 캔트웰 스미스의 신앙관의 불교적 표현에 다름 아니라고 할 수 있는 것이다.

그는 바라밀에 대하여 또한 다음과 같이 설명한다.

확실히 바라밀(pāramitā)은 '완성'이라는 의미이지만, 완성은 정지·죽음을 의미한다. 완성해버리면 덧붙일 것이 없기 때문이다. ≪반야경≫에서는 반야바라밀을 실천하면서도 반야바라밀을 인정하지 않고 보살도 인정하지 않는 사람이 올바른 의미의 반야바라밀의 실천자라고 설하고 있다. 보시를 행하면서도 그 보시라는 선행을 자랑하지 않고 그 선(善)에 집착하지 않고 시자(施者)도 공(空), 수자(受者)도 공(空), 시물(施物)도 공(空)인 '삼륜청정(三輪淸淨)의 보시'가 보시바라밀이라고 한다. 이처럼 보시를 행하면서도 그 보시에 사로잡히지 않고, 따라서 자기의 보시를 완성시키려고 하는 '집착'을 갖지 않는 보시, 즉 공(śūnyatā)에 머무는 보시가 보시바라밀이다. 따라서 바리밀이란 완성이 없는 완성이라고 해도 좋을 것이다. 그것은 공(空)의 입장, 영원을 아는 입장이다.[2)]

곧 대승불교에서의 바라밀은 정지나 죽음으로 끝나는 단순한 완성이 아니라 항상 새로워지는 자기 초월적인 완성의 의미에서 이해되어야 올바로 이해되는 것이다. 그리고 공(空) 사상은 이러한 신앙적 관

---

1) 平川彰 著 / 李浩根 譯, 『印度佛敎의 歷史』上, (서울, 민족사: 1989), p.299.
2) 平川彰 著 / 李浩根 譯, 『印度佛敎의 歷史』上, (서울, 민족사: 1989), pp.321-322.

점 곧 초월적 실재에 대한 통찰과 응답의 부단한 과정으로서 이해될 때 올바르게 이해될 수 있는 것이다.

존 로스 카터(John Ross Carter)는 나가르주나(Nāgārjuna, 2-3세기경 활약)와 샨티데바(Śāntideva, 7-8세기경 활약)의 공 사상에 관련하여 샨티데바가 자신의 깨달음에 관하여 서술하면서 깨달음의 마음이 '어쩌다가(katham cid-api) 나에게 일어났다'라는 표현을 도입하는 것에 유의하면서[3] 다음과 같이 이야기한다.

> ……나가르주나와 샨티데바에게 있어서 우리는 고요하고 슬픔과 고통을 떠나 있으며 비어 있는 공(空)의 개념을 가지게 되며, 그 공은 붓다와 같은 깨달음 가운데 깨달을 수 있는 것인데, 그 깨달음은 일어나는 것이다. 그리고 이러한 순간을 위한 준비는 오랜 준비 과정을 통한 적극적 덕목의 실천을 포함한다. 그러나 이 공(空)은 단순한 원리(principle)가 아니라, 서양의 관용적인 방식으로는 다양하게 표현된다고 하더라도, 그런 표현들을 넘어서는 실재이다.[4]

곧 존 로스 카터는 공(空)이 우리 인간들의 깨달음을 가능하게 하는 기반으로서 초월적 실재라는 것을 뚜렷이 이야기하고 있는 것이다. 깨달음은 우리가 자의적으로 만들어내는 것이 아니라 일어나는 것이며 그러한 깨달음이 일어나는 데에는 초월적 실재로서의 공(空)이 전제되고 있는 깃이다.

유식(唯識) 사상은 공 사상을 우리의 인식 과정을 중심으로 구체화시킴으로써 발전된 사상이라고 할 수 있다. 히라카와 아키라는 다음과 같이 이야기한다.

---

3) John Ross Carter, "Emptiness Abounding," *Of Human Bondage and Devine Grace: A Global Testimony*, Ed. John Ross Carter, (La Salle: Open Court, 1992), p.115.

4) ibid.

유식의 '유(唯, mātra)'란 범부가 실재라고 생각하고 있는 '인식의 대상'을 부정하는 것으로, '오직 식(識)뿐'이라는 의미이다. 외계의 대상이라고 생각하고 있는 것이, 실제로는 식(識, 心)에 불과하다고 깨닫는 것이 유식이다. 따라서 유식에는 식만이 실재한다는 의미가 있다. 그러나 인식의 대상이 없다면, 인식주관도 있을 리가 없는 것이다. 범부로서는 인식의 대상이 있기 때문에 그에 대응하는 인식주관이 있다. 그러나 그 인식의 대상은 허망한 것(遍計所執性)이다. 그런데 대상의 허망성이 알려진다는 것은 그에 대응하는 주관(자아에 대한 집착)도 소멸함을 뜻한다. 대상의 허망성의 해소는 동시에 주관(아집)의 허망성의 해소이기 때문이다. 따라서 유식에는 첫째로, '경(境, 대상)의 무(無)와 식(識)의 유(有)'라는 의미가 있으며, 둘째로는 경(境)이 없으면, 그에 대응하는 식(識)도 없어지는 '경식구민(境識俱泯)이란 의미가 있다. 즉 유식을 실현하고 있는 불타의 인식계는 경식구민의 세계이다. 따라서 불타의 인식계는 범부의 인식계와 질적으로 다르다. 즉 범부가 불타가 되기 위해서는 식의 질적 전환이 필요하다. 이것을 전의(轉依 āśraya-parāvṛtti, 所依의 轉)라고 한다. 전의는 아집(我執, 自我·內界에 대한 집착)이나 법집(法執, 사물·외계에 대한 집착)을 멸하고, 번뇌를 끊음으로써 실현된다.5)

곧 유식사상은 공(空) 사상을 우리의 인식과정에 적용하여 구체화시킴으로써 우리의 인식과정에서의 잘못된 분별을 타파함으로써 번뇌의 세계에 속박되는 것을 벗어나고자 하는 사상인 것이다. 히라카와 아키라는 불타의 인식계 곧 경식구민(境識俱泯)의 인식계에 관하여 또한 다음과 같이 적극적으로 이야기한다.

……'식(識)의 유(有)'라는 식의 상태는 두 가지로 구별된다. 하나는 범부의 식의 상태이고, 다른 하나는 불타의 식의 상태이다. 양자는 모두 '유(有)'이지만, 유의 성격이 다르다. 범부의 식은 유이면서도 부정되어야 할 것으로서, 무를 내포하고 있는 유이다. 이에 비해 불타의 식은, 그러한 부

---

5) 平川彰 著 / 李浩根 譯, 『印度佛敎의 歷史』下, (서울, 민족사: 1991), pp.106-107.

정을 내포하고 있지 않는 유이다. 그것은 영원한 실재(眞如, tathatā)가 자각되고 실현되어 있는 유이다.[6)]

곧 공 사상은 물론이거니와 유식사상도 문자 그대로 회신멸지(灰身滅智)를 통하여 영원한 죽음을 꿈꾸는 염세주의적 사상은 아닌 것이다. 우리의 잘못된 인식을 통하여 대상을 잘못되게 분별하며 그러한 분별을 따라 자아에 대한 잘못된 집착을 일으키는 것을 반성하는 데에 유식사상의 요점이 있는 것이다. 적극적으로 말하자면 잘못된 분별이 없는 불타의 인식에 도달하여 영원한 초월적 실재로서의 진여를 자각하고 실현하고자 하는 것이 유식사상인 것이다. 다만 유식사상은 범부의 식과 불타의 식 사이에 연속과 단절을 어떻게 해결하느냐에 있어서 상당한 어려움을 겪는다. 히라카와 아키라는 다음과 같이 이야기한다.

> 그러나 범부의 식(妄識)과 불타의 식(無垢識)은 전의를 매개로 하지만, 똑같은 '식'이다. 바로 이 점에 미망에서 깨달음으로의 연속과 단절이라는 문제가 내포되어 있다.[7)]

이러한 어려움을 해결하고자 하는 가운데 유식사상은 다양하게 전개되어가며, 대승기신론은 이러한 유식사상과 여래장사상이 만남으로써 새로운 돌파구를 마련하게 되는 과정에서 성립되는 것이다.

여래장 사상은 공 사상이나 유식사상처럼 독립된 학파로는 발전되지 않으나 초기불교부터 연원하며 대승불교의 성립과 더불어 부각되는 심성본정설(心性本淨說)의 갈래를 따라 발전해온다. 카츠마타 슌쿄(勝又俊敎)는 대승경전에서 핵심적인 사상의 하나로서 심성본정설(心性本淨說)

---

6) 平川彰 著 / 李浩根 譯, 『印度佛敎의 歷史』下, (서울, 민족사: 1991), p.107.
7) 平川彰 著 / 李浩根 譯, 『印度佛敎의 歷史』下, (서울, 민족사: 1991), p.107.

이 대두하는 것에 대하여 주목하면서 다음과 같이 이야기한다.

> 대승불교에 있어서 심성본정설은 초기, 중기 및 후기의 경론에 자주 설해지는데, 그것이 심성본정객진번뇌(心性本淨客塵煩惱)의 형태 그대로 설해지는 경우도 있지만 그 밖에 여래장, 불성, 보리심, 심진여(心眞如), 법성심(法性心), 공성(空性), 정식(淨識), 아마라식(阿摩羅識), 원성실성(圓成實性), 심체(心體) 등의 사상으로 치환되어 고찰되고 있는 경우도 있다. 달리 말하자면, 심성본정설은 대승불교에 있어서는 단순히 심의 본성이 청정한가 오염되어 있는가 하는 심리철학적인 문제가 아니라, 성불(成佛)의 가능성과 깨달음의 마음과 불타의 정신적 특질 등에 관한 제 문제의 해명에 있어서 사상적 근거로 되는 것이다.[8]

카츠마타 슌쿄는 스미스의 다르마에 대한 통찰에서와 마찬가지로 심성(心性)의 본정(本淨)을 인간 구원의 초월적 기반으로 주목하고 있는 것이다. 심성의 본정은 단순히 심리적인 사실로 머무는 것이 아니라 대승의 주요 사상의 핵심적 기반이 되고 있는 것이다. 인간이 생사유전의 세계를 초월할 수 있는 것은 심성이 본래 청정하다는 초월적 사실에 기반을 두는 것이다.

이러한 심성본정설에서 연원하는 여래장 사상은 범부에게도 여래장이 있어서 고(苦)를 싫어하고 열반을 희구할 수 있다고 하여 모든 중생의 성불 가능성을 주장하는 기반이 되기도 하지만 불교의 전통적인 무아설(無我說)과 관련하여 상당한 문제점을 안게 된다. 히라카와 아키라는 다음과 같이 이야기한다.

> 여래장은 존재론적으로는 아트만과 구별하기가 어렵다. 그러나 인식론적·실천적으로는 그것에 사로잡히지 않는 것이 불교의 공의 입장이다. 안이하게 여래장을 '유(有)'로 상정한다면 그것은 여래장을 잘못 주장하는

---

8) 勝又俊敎,『佛敎における心識說の研究』, (東京: 山喜房佛書林, 1961, 1978), p.485.

셈이 될 것이다. 여래장은 6식으로는 알 수 없기 때문에, 그 6식 중에서 그 존재성을 주장하는 것은 잘못이다. 그래서 ≪승만경≫에서는 공(空)에 주(住)하여 붓다의 말씀을 신봉하는 것이 강조되고 있는 것이다. 따라서 아트만과 여래장의 차이는 아트만이 존재론적으로 설해지고 있는 데 비해, 여래장은 실천적인 입장에서 주장되고 있다는 점이라고 하겠다. 그러나 다음 시대에는 여래장과 아(我)의 관계로부터 윤회의 주체로서의 알라야식과 여래장의 관계가 새로운 문젯거리로 대두되게 되었다.9)

여기에서 히라카와 아키라의 아트만에 대한 입장이나 불교에서의 아트만에 대한 비판은 힌두교 자체의 아트만 개념을 정확하게 이해하고 있느냐는 다소 유보할 필요가 있을 수 있으나, 불교의 여래장 개념의 실천적 차원을 강조하고 있는 점에 주목하면서 이해할 수 있을 것이다. 곧 여래장은 생사의 속박으로부터 벗어나게 하는 기반이 되는 초월적 실재로서 이해되어야 하는 것이다. 그러나 그 초월성이 생사윤회와 관련하여 어떠한 성격을 지니느냐 하는 문제는 대승기신론에서 본격적으로 다루어지게 되는 것이다.

요컨대 대승기신론은 이러한 대승불교의 세 갈래 사상을 소화하면서 성립하는 것이다. 곧 공(空) 사상에서 공(空)의 초월에 편향되는 면을 불공(不空)의 개념을 통해 보완하며, 유식(唯識) 사상에서 아뢰야식(阿賴耶識)이 허망한 망식(妄識)이라는 주장으로 기우는 것을 생멸을 초월하는 여래장(如來藏)과 화합한 식(識)으로서의 아뢰야식을 내세움으로써 진여응연(眞如凝然)의 고립적 입장을 벗어나서 진여수연(眞如隨緣)의 입장을 내세우면서 일체 중생의 성불 가능성을 적극적으로 개진하게 되는 것이다.

한문본 대승기신론에서 초월적 실재로서의 다르마(dharma)는 법(法)으로 번역되어 제시된다.10) 이러한 법을 대승이라고도 한다는 점에서

---

9) 平川彰 著 / 李浩根 譯, 『印度佛敎의 歷史』下, (서울, 민족사: 1991), p.150.

10) 카시와기 히로오(柏木弘雄)은 대승기신론에서의 '법(法)'의 어법에 관하여 아함경전

대승기신론은 법에 대한 신앙을 일으키는 글이라고 할 수도 있다. 대
승기신론에서 법은 또한 대표적으로는 일심(一心)이라고 불리며 그
일심이 진여문과 생멸문의 두 차원에서 어떻게 이해될 수 있는가를
이야기하는 것이 대승기신론의 핵심적 부분인 해석분(解釋分)이다. 곧
해석분에서 일심은 진여문 곧 절대적 차원에서는 진여(眞如)라고 불
리며 생멸문 곧 현상적 차원에서는 여래장(如來藏) 혹은 본각(本覺)이
라고 불리며 설명된다. 본 장에서는 이러한 대승기신론에서의 설명을
통해서 일심이 초월적 실재로서 어떻게 이해될 수 있는가를 살펴보기
로 한다.

1절 대승으로서의 법(法)

원효의 대승기신론 소는 처음에 종체(宗體)를 나타내는 부분에서부
터 '대승'이라는 말이 초월적 실재에 대하여 억지로 붙인 이름이라는
것을 뚜렷이 이야기한다.

크다고 말하고 싶으나 안이 없는 것에 들어가도 남음이 없고, 작다고
말하고 싶으나 밖이 없는 것을 감싸고도 남음이 있다. 유(有)로 이끌려고
하나 한결같이 그것을 활용해도 공(空)하고 무(無)에 두려고 하나 만물이

에서의 다르마(Dharma)의 용례를 연구한 가이거(Geiger) 부부의 분류에 따라 1. 법
(Gesetz), 2. 가르침(die Lehre), 3. 진리(die Wahrheit), 4. 실증적인 사물(die empiri-
schen Dinge) 등의 4가지 용례로 구분하면서도, '법(法)'의 어의에 관한 하나의 용례
가 다른 어의(語義)의 내용을 전혀 포함하지 않는다고 볼 수는 없다고 하여 '법(法)'
의 어의를 이해함에 있어서 신중할 것을 당부하고 있다. 柏木弘雄, 『大乘起信論の
研究』, (東京: 春秋社, 1981), pp.434-442.

이를 타고 생성되니, 무엇이라고 말해야 될지 몰라, 억지로 이름하여 대승이라고 한다.[11)]

여기에서 원효는 『장자(莊子)』 천하편(天下篇)을 원용하여 이야기하면서 '대승'이라는 것이 초월적 실재에 대하여 억지로 붙인 이름이라는 것을 밝히고 있는 것이다. 다시 말하자면, '대승'이라는 이름은 억지 이름일 뿐이고, 그 이름이 가리키는 실재는 그 이름을 초월하는 실재라는 것이다. 곧 대승기신론은 대승에 대하여 말하는 저서가 아니라 초월적 실재를 '대승'이라는 이름으로 부르며 서술하는 저서인 것을 우리는 유념해야 하는 것이다.

그러나 그 초월이 일방적이고 절대적인 초월이기만 한 것은 아니라는 것도 우리는 유념해야 한다.

> (이 대승의 체가) 깊고 또 깊으나 어찌 만상(萬像)의 밖을 벗어났겠으며, 고요하고 또 고요하나 오히려 백가(百家)의 말 속에 있다. 만상의 밖을 벗어나지 않았으나 오안(五眼)으로 그 몸을 다 볼 수 없으며, 백가의 말 속에 있으나 사변(四辯)으로 그 모양을 다 말할 수 없다.[12)]

캔트웰 스미스가 초월에 대하여 이야기하듯이 대승기신론에서 말하는 초월적 실재는 초월적이면서도 만상(萬像)을 격절적으로 초월한 것은 아니며, 언어로 전혀 설명이 불가능한 것은 아닌 것이다. 또한 원효는 대승기신론의 첫 부분인 서분(序分)의 귀경게(歸敬偈) 가운데 '법성진여해(法性眞如海)'라는 구절을 해석함에 있어서 "일체법은 말할 수도 없고 생각할 수도 없기 때문에 진여(眞如)라고 이름하는 것임을 알아야 할 것이

---

11) 은정희 역주, 『원효의 대승기신론 소·별기』(서울: 일지사, 1991), p.19. 韓國佛敎全書 1, p.733a. "欲言大矣入無內而莫遣 欲言微矣苞無外而有餘 引之於有 一如用之而空 獲之於無 萬物乘之而生 不知何以言之 强號之謂大乘"

12) 은정희 역주, 같은 책, p.18. 韓國佛敎全書1, p.733a. "玄之又玄之 豈出萬像之表 寂之又寂之 猶在百家之談 非像表也五眼不能見其軀 在言也 四辯不能談其狀"

다.”라고 하여 법(法)의 본성의 초월성을 강력하게 이야기하고 있다.[13) 여기에서의 법(法)은 대승기신론에서 대승(大乘)이 가리키는 바이기도 하다. 곧 대승기신론에서의 대승(大乘)은 스미스가 남방 상좌부에서 초월적 실재로 주목한 다르마(dharma)에 해당되는 것이다.

대승에 대한 원효의 이러한 초월적 이해는 하케다의 대승에 대한 해석에서도 일관되게 발견된다. 하케다는 입의분(立義分)의 마하연(摩訶衍 Mahayana) 곧 대승(大乘)에 대한 영어번역에서 다음과 같이 대승에 대하여 풀이하고 있다.

여기에서의 ‘대승’(Mahayana)은 그 말의 통상적인 의미 곧 소승에 대립되는 대승이라는 의미도 사용되지 않았다는 것에 유의해야 한다. 바로 뒤에 이어지는 논의에서 주어지는 한정에 의하면, 대승은 진여(Suchness) 곧 절대(the Absolute)를 지칭한다. 그러므로 이 저술의 제목 곧 ‘대승에 대한 신앙을 일깨움’(the Awakening of Faith in the Mahayana)은 소승불교와 구별되는 대승불교에 대한 것이 아니라 ‘절대에 대한 신앙을 일깨움’(Awakening of Faith in the Absolute)이라고 이해되어야 한다.[14)

곧 하케다도 대승기신론에서의 대승이 단순히 종교전통을 가리키는 것이 아니라 초월적 실재로서의 절대에 대한 상징어임을 명시하고 있는 것이다.

---

13) 은정희 역주, 같은 책, p.51. 韓國佛敎全書1, 736a. “當知一切法不可說不可念, 故名謂眞如.”

14) *The Awakening of Faith-Attributed to Aśvaghosha*, Trans. Yohito S. Hakeda (New York: Columbia University Press, 1967), p.28. 훼일런 라이는 “Faith is……equally in Mahayana as it is of, that is, by the power of, Mahayana.”라고 하여 ‘in’의 어법을 ‘of’와 구별하면서 대승이 신앙의 대상일 뿐만 아니라 신앙에 힘을 주는 주체임을 명시하고 있다. Whalen Lai, *The Awakening of Faith in Mahayana-A Study of the Unfolding of Sinitic Mahayana Motifs* (Cambridge: Harvard University, 1975), p.74.

2절 일심(一心)으로서의 법(法)

원효는 입의분(立義分)의 '법이라 하는 것은 중생심(衆生心)을 말한 다.'(所言法者, 謂衆生心.) 이하의 부분에 대하여 다음과 같이 풀이하 고 있다.

이제 대승 중에 [현상으로서의] 제법(諸法)이 다 별다른 바탕이 없고 오직 일심(一心)으로 그 스스로의 바탕을 삼기 때문에, [초월적 실재로서 의] '법이란 중생심을 말한다'고 한 것이다. '이 마음[心]이 바로 일체의 세간법과 출세간법을 포괄한다'고 한 것은 대승법이 소승법과 다름을 나 타내니, 참으로 이 심(心)이 모든 법을 통섭(通攝)하며, 모든 법의 자체가 오직 이 일심(一心)이기 때문이다. 이는 소승에서 일체의 모든 법이 각각 자체가 있는 것과는 다르다. 그러므로 일심을 [초월적 실재로서의] 대승법 이라 말하는 것이다.15)

곧 원효는 대승기신론에서의 '법이란 중생심을 말한다'는 구절에서 [초월적 실재로서의] 법(法)이 단순히 중생 각자의 어리석은 마음을 가리키는 것이 아니라 그 중생들이 스스로의 바탕으로 삼고 있는 일 심을 가리키고 있다는 것을 명시하고 있는 것이다. 이 일심이 중생마 다 별개로 가지고 있는 심리현상으로서의 마음과 나르다는 것은 "참 으로 이 마음[心]이 모든 법을 통섭(通攝)하며, 모든 법의 자체가 오 직 이 일심(一心)이기 때문이다. 이는 소승에서 일체의 모든 법이 각 각 자체가 있는 것과는 다르다."라는 부분에서 뚜렷하게 이야기되고 있다. 곧 원효는 기신론 본문에서 말하고 있는 중생심이 우리가 각자

---

15) 은정희 역주, 같은 책, p.80. 韓國佛敎全書1, p.740a. "今大乘中一切諸法皆無別體, 唯 用一心爲其自體. 故言法者謂衆生心也. 言是心卽攝一切者, 顯大乘法異小乘法. 良由 是心通攝諸法, 諸法自體唯是一心. 不同小乘一切諸法各有自體. 故說一心爲大乘法也."

가지고 있는 통상의 마음과는 전혀 다른 차원의 초월적 실재로서의 일심(一心)임을 밝히고 있는 것이다.

하케다는 이 부분의 영어번역에서 마음[心]에 관하여 다음과 같은 설명을 덧붙이고 있다.

> '마음(心, Mind)이라는 용어는 개인적인 심리적 기능이나 물질에 대조되는 마음으로서 사용되고 있지 않다. 이것은……형이상학적인(metaphysical) 법(法)을 상징한다……법에 대한 이러한 소개는 급작스럽기는 하지만, 의심할 바 없이, 인간이 절대에 기반하고 있다는 것의 내적인 가치를 인식하는 것이 중요함을 독자들에게 각인시키기 위해서 의도된 것이다.16)

곧 하케다도 입의분에서 중생심(衆生心)이라는 표현을 단지 중생 곧 일반 사람들의 심리적 현상을 가리키는 것이 아니라 중생 안에 있는 형이상학적인 절대로서의 법(法)을 가리키는 것으로 뚜렷하게 인식하고 있는 것이다. 물론 이 부분은 중생들이 그저 덧없이 헤매는 존재가 아니라 일심(一心)이라는 절대에 기반하고 있다는 기쁨에 찬 선언이라는 점도 간과해서는 안 될 것이다.

원효는 또한 진여문과 생멸문에 대한 풀이에서 다음과 같이 이야기한다.

> 염정(染淨)의 모든 법은 그 본성이 둘이 없어, 진망(眞妄)의 이문(二門)이 다름이 있을 수 없기 때문에 '한[一]'이라 이름하며, 이 둘이 없는 곳이 모든 법 가운데 실재하는지라 허공과 같지 아니하여 본성이 스스로 신묘하게 이해하기 때문에 '마음[心]'이라고 이름함을 말한 것이다.17)

---

16) *The Awakening of Faith-Attributed to Aśvaghosha*, Trans. Yohito S. Hakeda (New York: Columbia University Press, 1967), p.29. 여기에서 하케다는 '심(心)'이라는 용어가 이처럼 특수한 의미에서 사용된다고 여겨질 때에는 그 첫 번째 철자를 대문자로 표기한다는 방침을 이야기한다.

17) 은정희 역주, 같은 책, p.88. 韓國佛敎全書1, p.741a. "何爲一心. 謂染淨諸法其性無二,

곧 '일심'이라는 이름을 제시하는 것은 그 초월적 실재가 모든 법 가운데 있어서 스스로 신묘하게 이해하기 때문이라고 이야기하고 있는 것이고, 이것은 일심을 초월적 실재라고 부르는 것이 아니라, 초월적 실재를 일심이라고 부르는 이유를 설명하는 것이다. 곧 그 초월적 실재를 마음이라고 부르는 것은 마음이 사물을 이해하는 것에 비유할 수 있기 때문인 것이다. 그러나 그 초월적 실재의 이해는 신묘한 이해로서 우리의 일상적인 이해와는 다르다는 것을 명시하고 있다. 이것은 그리스도교 전통에서 하느님이 무소부재하시며 사람이 하는 일을 알지 못하는 것이 없으시다는 것과 충분히 비견될 수 있는 것이다.

원효는 이렇게 풀이하면서도 '일심'이라는 말이 그 초월적 실재를 너무 실체화하는 것이 아닌가 염려되었던 듯 다음과 같은 풀이를 덧붙이고 있다.

> 그러나 이미 둘이 없는데 어떻게 '한[一]'이 될 수 있는가? '한[一]'도 있는 바가 없는데 무엇을 '마음'이라 말하는가? 이러한 도리는 말을 여의고 생각을 끊은 것이니 무엇이라고 지목할지 모르겠으나, 억지로 이름 붙여 일심(一心)이라고 하는 것이다.[18]

이러한 원효의 서술은 그 초월적 실재를 함부로 이름 짓는 것에 대한 자상한 경계이다. 곧 하나, 둘, 셋 하듯이 수를 세는 의미에서가 아니라 모든 수를 초월하는, 인간의 분별을 초월한다는 의미에서, '한'이라는 것을 신비한 개념으로 이해해야 할 것을 주문하는 것이며, '일심'을 단지 일상적인 하나의 마음 정도로 이해하는 것을 경계하는 것이다. 그것은 다만 억지로 붙인 이름에 불과한 것이며, 그 이름 너머의 초월적 실재를 바라보고자 할 때 우리는 바르게 이해하는 쪽으로

眞妄二門不得有異. 故名爲一. 此無二處諸法中實, 不同虛空, 性自神解, 故名爲心."

18) 은정희 역주, 같은 책, p.88. 韓國佛敎全書1, pp.741a-b. "然旣無有二, 何得有一. 一無所有, 就誰曰心. 如是道理, 離言絶慮. 不知何以目之, 强號爲一心也."

나아가게 되는 것이다.

이러한 일심에 대해서 원효는 '리(理)'라고도 일컫는다. 그는 리(理)에 대하여 다음과 같이 말한다.

> 진여문 중에서 말하는 리(理)는 진여라고는 말하나 또한 그 실체는 얻을 수 없으며, 그렇지만 또한 없는 것도 아니다. [역사적 인물로서의] 부처가 [세상에] 있거나 없거나 간에 그 성(性)의 모습은 항상 머물러 있어서 변이(變異)함이 없어 파괴할 수 없는 것이므로, 이 진여문 중에서 진여(眞如)니 실제(實際)니 하는 등의 이름을 임시로 세운 것이니, 이는 ≪대품(大品)≫ 등 여러 반야경(般若經)에서 설명한 것과 같다.[19]

곧 리(理)로서의 일심은 [역사적 인물로서의] 부처가 [세상에] 있든 없든 그 사실을 넘어서서 존재하는 초월적 실재임을 원효는 명시하고 있는 것이다.

원효는 또한 이 부분에 대한 주석에서 공(空)의 의미를 단순히 알아듣는 것을 경계하여 우선 다음과 같이 그 의미를 깊게 알아들을 것을 촉구한다.

> 공(空)의 뜻에 의하여서도 유(有)를 지을 수 있는 것이다. 왜인가? 만일 공이 반드시 공일 뿐이라면 당연히 유를 지을 수 없지만, 이 공도 또한 공이므로 유를 지을 수 있는 것이다.[20]

곧 원효는 우선 공을 단순히 공하다고, 다시 말해서 공허하다고 이해해서는 안 된다는 것을 명시하고 있다. 공은 초월적 실재의 초월성

---

19) 은정희 역주, 같은 책, pp.93-94. 韓國佛敎全書1, p.742a. "眞如門中所說理者, 雖曰眞如, 亦不可得, 而亦非無. 有佛無佛, 性相常住, 無有變異, 不可破壞. 於此門中, 假立眞如實際等名. 如大品等諸般若經所說."
20) 은정희 역주, 같은 책, pp.96-97. 韓國佛敎全書1, p.742b. "而約空義亦得作有. 何者. 若空定是空, 應不能作有. 而是空亦空, 故得作有."

을 나타내는 것이며 그 초월성이란 또한 우리가 '초월'이라는 언어로 가둘 수 있는 단순한 초월성이 아닌 것이다. 원효는 공의 이러한 공함에 대하여 진여문과 생멸문의 양 차원에서 다음과 같이 이야기한다.

그러나 이 공(空)이 공(空)하다는 것에도 두 가지 뜻이 있다. 첫째는 법성(法性)의 공함이 있으니, 이 공도 또한 공하여 유(有)와 공(空) 모두 (그 실체를) 얻을 수 없다. 이와 같이 공이 공한 것은 진여문에 있으니, 이는 ≪대품경(大品經)≫에서 '일체법이 공하고 이 공한 것도 또한 공하므로 이를 공공(空空)이라 이름한다'고 말한 것과 같다. 둘째는 마치 유(有)가 유(有)의 자성(自性)이 없기 때문에 공(空)이 될 수 있는 것과 같으니, 이를 이름하여 공이라 하는 것이며, 이러한 공은 공성(空性)이 없기 때문에 유를 지을 수 있으니 이를 공공(空空)이라 이름하는 것이요, 이러한 공공은 생멸문에 있다. 이는 열반경에서 '유(有)와 무(無)를 공공이라 이름하고, 시(是)와 비(非)를 공공이라 이름하니, 이러한 공공은 십주보살(十住菩薩)도 털끝 정도의 조금밖에 얻지 못하는데 하물며 다른 사람이겠는가?' 라고 말한 것과 같다.[21]

곧 원효는 진여문에서의 절대적 초월로서의 공을 이야기함과 동시에 생멸문에서의 상대적 초월로서의 공을 이야기하고 있다. 다시 말해서, 진여문에서의 공이 실체를 얻을 수 없다는 차원에서 절대적 공이라면 생멸문에서의 공은 공성(空性)을 고정된 성(性)으로 갖고 있지 않아 유(有)를 지을 수 있는 상대적 공이라고 할 수 있다. 그러나 이러한 의미도 우리가 아주 조금이나마 이해하기를 기대할 수 있는 매우 심오한 차원에서 이해해야 한다는 것을 원효는 십주보살(十住菩

---

21) 은정희 역주, 같은 책, pp.96-97. 韓國佛敎全書1, p.742b-c. "然此空空亦有二義. 一者, 有法性空, 是空亦空. 有之與空, 皆不可得. 如是空空, 有眞如門. 如大品經云, 一切法空, 此空亦空, 是名空空. 二者猶如有無有性, 故得爲空, 是名曰空. 如是空無空性, 故得作有, 是名空空. 如是空空, 在生滅門. 如涅槃經云, 是有是無, 是名空空. 是是是非, 是名空空. 如是空空. 十住菩薩尙得少分如毫釐許. 何況餘人."

薩)에 빗대어 이야기하고 있다. 곧 십주보살(十住菩薩)은 보살이 수행하는 52계위(階位) 가운데 제11위에서 20위까지의 보살로서 마음이 진제(眞諦)의 이치에 안주(安住)하는 위치에 이르렀다고 하여 주(住)의 명칭으로 불리는 보살이다. 원효는 이러한 높은 수준에 이르는 보살도 공(空)의 의미를 아주 조금밖에 이해하지 못한다고 하고 있는 것이다. 다시 말해서 원효는 공의 심오한 의미에 대하여 겸손해질 것을 요구하고 있는 것이다. 원효의 공에 대한 이러한 초월적 이해는 또한 진여문과 생멸문 양 차원에서 일심을 이해함에 있어서 모두 그 초월성을 심층적으로 이해해야 한다는 것을 촉구하는 것이기도 하다.

3절 진여문에서의 일심

앞에서 이야기해온 바와 같이 대승기신론에서 일심은 진여문과 생멸문의 두 차원에서 이야기된다. 우선 대승기신론에서 진여문에서의 일심은 다음과 같이 설명된다.

> 마음의 진여[心眞如]란 바로 일법계(一法界)의 대총상(大總相) 법문(法門)의 체(體)이니, 이른바 마음[心]의 본성은 생멸을 초월하며 일체의 모든 법이 오직 망념(妄念)에 의하여 차별이 있으니, 만약 망념을 여의면 일체의 경계상(境界相)이 없을 것이다. 그러므로 일체의 법이 본래부터 언설상을 여의었으며 명자상(名字相)을 여의었으며 심연상(心緣相)을 여의어서, 필경 평등하고, 변하거나 달라지는 것도 없으며 파괴할 수도 없는 것이어서 오직 일심(一心)뿐인 것이니, 그러므로 진여라 이름하는 것이다.22)

---

22) 은정희 역주, 같은 책, pp.103-104. 韓國佛敎全書1, p.743b. "心眞如者, 卽是一法界

곧 대승기신론에서는 진여 자체가 절대적 초월로서의 일심 그 자체로서 언어로 감히 형용할 수 없는 실재임을 말하고 있는 것이다. 여기에서 유의해야 할 것은 '오직 일심일 뿐인 것이니'라는 표현에서 유물론(唯物論)에 대조되는 유심론(唯心論)을 주장하는 것이 불교라고 생각하면 안 된다는 것이다. 앞에서 하케다의 설명을 살펴보기도 했거니와, 일심은 초월적 실재에 대하여 억지로 붙인 이름일 뿐이지 세상이 우리가 보통 생각하는 마음 곧 관념뿐이라고 이야기하는 것은 아니다. 참된 실재는 일심뿐이라고 한다는 점에서 오히려 우리가 제대로 비교한다면 그리스도교에서 참된 실재는 하느님뿐이라고 이야기하는 것에 비교해야 하는 것이다.

대승기신론에서는 이러한 진여를 언설에 의하여 분별함에 있어서 여실공(如實空)과 여실불공(如實不空)의 두 개념으로 풀이하고 있다. 이 두 개념은 진여의 초월적 성격에 대해서 우리가 어떻게 이해해야 하는가에 대한 풀이를 함에 있어서 어느 한 쪽의 극단에 빠지는 것을 경계하면서 올바로 이해하는 길을 제시한다. 우선 기신론에서는 공(空)에 대하여 다음과 같이 이야기하고 있다.

공(空)이라고 말하는 것은 본래부터 일체의 염법(染法)과 상응하지 않기 때문이니, 이는 일체법의 차별되는 모양을 여읨을 말하는 것이다. 왜냐하면 허망(虛妄)한 심념(心念)이 없기 때문이다. 그러므로 진여의 자성(自性)은 모양이 있는 것도 아니요 모양이 없는 것도 아니며, 모양이 있지 않은 것도 아니요 모양이 없지 않은 것도 아니며, 유(有)·무(無)를 함께 갖춘 모양도 아닌 것을 알아야 하며, 또한 같은 모양도 아니요 다른 모양도 아니며, 같은 모양이 아닌 것도 아니요 다른 모양이 아닌 것도 아니며, 같고 다른 모양을 함께 갖춘 것도 아닌 것을 알아야 한다. 이리하여 전체

大總相法門體. 所謂心性不生不滅. 一切諸法唯依妄念而有差別. 若離心念, 則無一切境界之相. 是故一切法從本已來. 離言說相, 離名字相, 離心緣相, 畢竟平等. 無有變異. 不可破壞. 唯是一心. 故名眞如."

적으로 말하자면 일체의 중생이 망심(妄心)이 있음으로 해서 생각할 때마다 분별하여 다 진여와 상응하지 않기 때문에 공(空)이라 말하지만, 만약 망심을 떠나면 실로 공이라 할 까닭도 없는 것이다.[23)

여기에서 우리는 기신론 자체에서 공(空)이라는 말을 쓸 때에도 초월적 실재의 초월성을 가리키는 방편으로 사용하는 것임을 알 수 있다. 곧 공(空)이 그 자체로 무슨 실질적 의미를 표현하고 있다고, 곧 초월적 실재가 공허하다거나 허무하다고 이해해서는 안 되는 것이다. 다시 말해서, 초월적 실재가 중생의 생각이나 분별과는 언제나 상응하지 않는 차원이 있기에 그 생각과 분별의 한계를 깨우쳐주고자 '공'(空)이라는 말을 하는 것이다.

이러한 의미는 불공(不空)을 풀이하는 데에서 더욱 뚜렷해진다.

불공이라 말하는 것은 이미 법체의 공(空)에는 허망함이 없음을 나타냈기 때문에 이는 바로 진심이며, 이 진심은 항상하여 변하지 않고 정법(淨法)이 가득히 구족되어 있기 때문에 불공(不空)이라 이름한다. 그러나 또한 취할 만한 상(相)이 없으니, 망념을 여읜 경계는 오직 증득함으로써만 상응하기 때문이다.[24)

곧 단순히 허무함을 말하기 위해서 공(空)을 말하고 있는 것이 아니다. 실재 자체는 공(空)의 측면에서는 중생의 생각과 분별을 초월하고 있지만, 깨끗한 법을 가득히 구족하여 변함이 없기 때문에 불공(不空)

---

23) 은정희 역주, 같은 책, p.111. 韓國佛敎全書1, p.744c. "所言空者所言空者, 從本已來, 一切染法不相應故. 謂離一切法差別之相, 以無虛妄心念故. 當知眞如自性, 非有相, 非無相, 非非有相, 非非無相, 非有無俱相, 非一相, 非異相, 非非一相, 非非異相, 非一異俱相. 乃至總說, 依一切衆生, 以有妄心, 念念分別, 皆不相應, 故說爲空. 若離妄心, 實無可空故."

24) 은정희 역주, 같은 책, p.118. 韓國佛敎全書1, p.745b. "所言不空者, 已顯法體空無妄故, 卽是眞心, 常恒不變, 淨法滿足, 則名不空. 亦無有相可取, 以離念境界, 唯證相應故."

의 측면을 간과해서는 공(空)에 대한 이해도 제대로 할 수 없는 것이다. 다만 이러한 불공의 측면도 보통 사람으로서는 이해하기 어려운 심오한 차원에서 증득해야 하는 것임을 유의할 필요가 있을 것이다.

이러한 공과 불공의 부분에 대하여 하케다는 다음과 같이 설명하고 있다.

> 이것은 "긍정은 부정이고 부정은 긍정이다"라고 알려진 논증법이 적용된 사례 중의 하나이다. 예컨대 "이것은 펜이다"라고 말하는 것은 "이것은 찻잔이다"라는 것을 부정하는 것이다. "이것은 푸르지 않다"라고 말하는 것은 "이것은 푸른색이 아닌 모종의 다른 색이다"라고 긍정하는 것이다. "진여는 공하다"라고 말하는 것은 진여가 여하한 개념화도 거부하는 어떤 것임을 시사하는 것이니, 곧 진여는 이러한 것도 아니고 저러한 것도 아니라고 말하는 것이며, 진여가 개념을 넘어서는 초월적 실재라는 것을 말하는 것이다. 이러한 부정은 진여가 우리가 익숙하지 않은 다른 곳에서 혹은 다른 시각이나 차원에서 보일 수 있는 가능성을 배제하는 것은 아니다. 그러므로 상징적으로 이야기한다면 진여를 영원하며 항구적이고 불변하다 등으로 표현할 여지가 있는 것이다. '공(空)'은 문자 그대로 '비존재'를 의미하는 것은 아니다.[25]

곧 하케다도 진여에 관하여 공을 이야기할 때 단순히 비존재를 이야기하는 것이 아니라 우리의 언어적 개념화를 초월하는 차원에 대한 상징어로서 이야기한다는 것을 명시하고 있는 것이다.

---

25) Hakeda, op. cit., p.36.

4절 생멸과의 관계에서의 일심(一心)

일심이 우리 현상계의 존재들에게 중요한 것은 그 일심이 단지 진여문의 차원에 머물러 있는 것이 아니라 생멸문의 존재들에 대하여서도 궁극적 기반이 되기 때문이며, 우리를 생멸의 속박에서 구원해주는 근원적 힘을 지닌 실재이기 때문이다. 본 절에서는 우선 생멸문에서 일심이 생멸과 어떠한 관계로 이해될 수 있는지를 살펴본다.

대승기신론의 심생멸문은 다음과 같은 말로 시작한다.

> 심생멸(心生滅)이란 여래장에 의하므로 생멸심이 있는 것이니, 이른바 불생불멸(不生不滅)이 생멸과 더불어 화합하여, 같은 것도 아니고 다른 것도 아닌 것을 이름하여 아려야식(阿黎耶識)이라고 하는 것이다.26)

곧 기신론에서는 우리들 현상계의 존재로서의 중생이 단지 생멸에 속하는 존재가 아니라 불생불멸 곧 생멸을 초월하는 여래장(如來藏)에 기반하고 있다는 것을 천명하고 있다. 여기에서 우리들에게 구원의 가능성이 열리는 것이다. 원효는 여기에서 불생불멸과 생멸의 관계를 다음과 같이 명시하고 있다.

> 만약 같은 것이라면 생멸식상(生滅識相)이 다 없어질 때에 심신(心神)의 체(體)도 또한 따라서 없어지게 되니 이는 단변(斷邊)에 떨어지게 될 것이고, 만약 다른 것이라면 무명(無明)의 바람에 의하여 훈습되어 움직일 때에 정심(靜心)의 체가 연(緣)을 따르지 않게 되니 이는 상변(常邊)에 떨어질 것이다. 이 두 변을 여의었기 때문에 같은 것도 아니고 다른 것도 아닌 것이다.27)

---

26) 은정희 역주, 같은 책, pp.120-121. 韓國佛敎全書1, p.745c. "心生滅者, 依如來藏故 有生滅心. 所謂不生不滅, 與生滅和合, 非一非異. 名爲阿黎耶識."

곧 우리의 생멸하는 마음에 대하여 그 본바탕이 역시 생멸하는 것이라면 우리에게 생멸을 초월할 가능성이 없는 것이며, 또한 초월적 실재가 절대 타자로서 생멸과 무관하게 떨어져 있다면 우리에게 구원의 가능성은 전혀 있을 수 없는 것이다. 불생불멸의 초월적 실재가 생멸과 같지도 다르지도 않은 신비한 관계로 우리의 생멸하는 마음에 관여하기에 우리에게 구원의 가능성이 열리는 것이다. 원효는 이러한 관계, 곧 진여수연에 의한 중생의 구원 가능성을 다시 다음과 같이 자세히 이야기한다.

묻기를, "심체(心體)가 상주하고 심상(心相)은 생멸하지만, 체와 상이 떨어지지 아니하여 합해서 일식(一識)이 된다고 해야 되는가, 심체는 상주하기도 하고 또한 곧 심체는 생멸하기도 한다고 해야 되는가?"

답하기를, "만일 뜻을 체득한 사람이라면 두 뜻을 모두 인정할 것이니, 어째서인가? 만약 그 상주를 논한다면 다른 것을 따라서 이루어지지 않는 것을 체라 하고, 그 무상(無常)을 논한다면 다른 것을 따라서 생멸하는 것을 상(相)이라 하는 것이니, 체는 상(常)이요 상(相)은 무상(無常)이라고 말할 수 있을 것이다. 그러나 생멸이라고 하는 것은 생(生)이 아닌 생이요 멸(滅)이 아닌 멸이므로 생멸이라 이름하며, 이는 심(心)의 생(生)이며 심의 멸이기 때문에 생멸이라고 이름하는 것이니, 그러므로 심체가 생멸한다고 말할 수 있는 것이다. 이는 마치 바닷물이 움직이는 것을 물결이라 이름하지만, 끝내 이 물결의 움직임이 바닷물의 움직임이 아니라고 말할 수 없음과 같은 것이다. 이 중의 도리도 또한 그러함을 알아야 할 것이다. 설사 심체는 움직이지 않으나 다만 무명상(無明相)이 움직이는 것이라면 범부(凡夫)를 전변시켜 성인을 이루는 이치가 없을 것이니, 그것은 무명상은 한결같이 멸하기만 하고 심체는 본래 범부를 짓지 않을 것이기 때문이다."28)

---

27) 은정희 역주, 같은 책, p.124. 韓國佛敎全書1, p.746a-b. "若是一者, 生滅識相滅盡之時, 心神之體亦應隨滅, 墮於斷邊. 若是異者, 依無明風熏動之時, 靜心之體不應隨緣, 卽墮常邊, 離此二邊, 故非一非異."

28) 은정희 역주, 같은 책, pp.129-130. 韓國佛敎全書1, pp.746c-747a. "問, 爲當心體常住, 心相生滅 體相不離合爲一識, 爲當心體常在, 亦卽心體生滅耶. 答, 若得意者, 二

곧 여기에서 원효는 생멸을 단순한 생멸로 받아들여서는 곤란하며, 다소 역설적이라고 하더라도 생멸이 아닌 생멸로 이해할 것을 역설하고 있다. 그렇게 이해함으로써 우리는 심체와 심상의 관계를 파악함에 있어서 중생에게도 성인이 되는 길 곧 구원에의 길이 열릴 수 있다는 것을 이해할 수 있는 것이다.

원효는 자신의 이러한 답에 대하여 다음과 같이 의문이 있을 수 있다는 것을 힐난의 형식을 빌어 이야기한다.

> 힐난하기를, "만약 마음의 바탕[心體]이 생멸한다면 참마음[眞心]이 다 없어질 것이니, 왜냐하면 생멸할 때에는 상주(常住)함이 없기 때문이다. 또 만일 심체는 본래 고요한 것이나 연(緣)을 따라 움직인다면 생사(生死)가 시작이 있을 것이니, 이는 큰 잘못이 되는 것이다. 왜냐하면 본래 고요한 때에는 생사가 없는 것이기 때문이다. 또 만일 마음[心]이 연을 따라 변하여 생멸을 일으킨다고 한다면 또한 일심(一心)이 연을 따라 변하여 여러 마음[多心]을 일으킬 수 있을 것이다. 이상의 세 가지 힐난을 떨칠 수가 없기 때문에 이 뜻이 성립될 수 없음을 알 수 있을 것이다."29)

곧 생멸과 상주 및 고요함과 움직임 및 변화와 불변을 서로 용납할 수 없는 대립적인 개념으로 이해하는 쪽에서의 힐난이 있을 수 있다는 것을 원효는 고려하고 있는 것이다. 원효는 이러한 힐난 중에서 우선 세 번째의 힐난 곧 일심(一心)과 여러 마음[多心]의 문제에 대하여 다음과 같이 답한다.

義俱許. 何者. 若論其常住, 不隨他成, 曰體. 論其無常, 隨他生滅, 曰相. 得言體常, 相是無常. 然言生滅者, 非生之生非滅之滅, 故名生滅. 是心之生心之滅, 故乃名生滅. 故得言心體生滅. 如似水之動名爲波. 不可說是動非水之動. 當知此中道理亦爾. 設使心體不動但無明相動者, 則無轉凡成聖之理. 以無明相一向滅故, 心體本來不作凡故."

29) 은정희 역주, 같은 책, pp.130-132. 韓國佛敎全書1, p.747a. "難曰. 若使心體生滅, 則眞心有盡, 以生滅時無常住故. 又若心體本靜而隨緣動, 則生死有始. 是爲大過, 以本靜時無生死故. 又若心隨緣變作生滅, 亦可一心隨緣 變作多心. 是三難不能得離. 故知此義不可立也."

마치 항상된 마음[常心]이 무명의 연을 따라서 변하여 무상한 마음[無常心]을 일으키지만, 그 항상된 본성[常性]은 항상 스스로 변하지 않는다고 말함과 같으니, 이처럼 일심(一心)이 무명의 연을 따라 변하여 많은 중생심을 일으키지만 그 일심(一心)은 항상 스스로 둘이 없는 것이다. 이는 ≪열반경≫에서 '한 가지 맛의 약이 그 옮겨가는 곳에 따라서 여러 가지 다름이 있으나, 이 약의 참된 맛은 산에 머물러 있다'고 한 것과 같으니, 바로 이것을 두고 한 말이다.30)

곧 원효는 일심이 여러 중생심을 일으키면서도 항상 스스로 둘이 없는 초월적 실재임을 명시하고 있는 것이다. 원효는 생멸과 상주 및 고요함과 움직임에 관하여서도 같은 맥락에서 서로 대립적인 개념으로 파악하기보다는 하나의 초월적 실재의 두 차원으로 파악할 것을 촉구하고 있다.31) 원효의 이러한 사상은 뒤에 화엄종의 대성자인 법장(法藏)에 의하여 여래장연기(如來藏緣起) 사상으로 체계화된다.

법장은 『대승기신론의기(大乘起信論義記)』에서 여래장연기를 정점으로 하여 당시까지 중국에 전해진 불교의 가르침을 다음과 같이 4종으로 분류하여 설명하고 있다.

현재 농쏙[중국]에 전해진 모든 경론들은 대·소승을 통틀어 네 가지의 사상적 입장이 있다. 첫째는 수상법집종(隨相法執宗)이니, 소승의 여러 부파들이 바로 이에 해당한다. 둘째는 진공무상종(眞空無相宗)이니, 반야 계통의 경전들과 중관 계통의 논서들이 설하는 내용이 이에 해당한다. 셋째는 유식법상종(唯識法相宗)이니, 해심밀경(解深密經) 계통의 경전들과 유가론(瑜伽論) 계통의 논서들이 설하는 내용이 이에 해당한다. 넷째는 여래장연기종(如來藏緣起宗)이니, ≪능가경(楞伽經)≫·≪대승밀엄경(大乘密

---

30) 은정희 역주, 같은 책, pp.131-132. 韓國佛敎全書1, p.747a. "如說常心隨無明緣變作無常之心 而其常性恒自不變 如是一心隨無明緣變作多衆生心 而其一心常自無二 如涅槃經云 一味之藥 隨其流處有種種異 是藥眞味停留在山 正謂此也."

31) 은정희 역주, 같은 책, pp.131-132. 韓國佛敎全書1, p.747a-b.

嚴經)≫ 계통의 경전들과 ≪기신론(起信論)≫·≪보성론(寶性論)≫ 계통의
논서들이 설하는 내용이 이에 해당한다. 이들 네 가지 가운데서 첫째는
수사집상설(隨事執相說)이고, 둘째는 회사현리설(會事顯理說)이며, 셋째는
의리기사차별설(依理起事差別說)이고, 넷째는 이사융통무애설(理事融通無
碍說)이다. 이 여래장연기종(如來藏緣起宗)에서는 여래장이 수연(隨緣)하
여 아뢰야식(阿賴耶識)을 이루는 것을 허용하니 이것이 바로 리(理)가 사
(事)에 철(徹)하는 것이며, 또 의타연기(依他緣起)가 무성(無性)하여 진여(眞
如)와 같음을 허용하니 이것이 바로 사(事)가 리(理)에 철(徹)하는 것이다.32)

이렇게 불교의 가르침을 4종으로 분류한다는 것은 유식법상종과 별
도로 여래장연기종을 주장한다는 점에서 법장의 독특한 사상을 보여
주고 있다. 곧 법장은 진여수연을 인정하는 대승기신론의 여래장 사
상을 유식법상종의 사상과는 별도의 독립적이고 우월한 사상으로서
부각시키고 있는 것이다. 이러한 법장의 주장은 어떠한 의의를 지니
는가? 요시즈 요시히데(吉津 宜英)는 그 구원론적 의의에 대하여 다
음과 같이 이야기한다.

이것은 오로지 4종 가운데 제3종 이하와 제4종 사이에 있어서 교리적
기반의 차이를 명백히 하고, 특히 제3종의 오성각별설(五性各別說)에 근
거한 일분불성(一分不成)과 제4종의 일체개성(一切皆成) 사이의 결과적
상위를 천명하고자 함에 다름 아니다. 진여수연(眞如隨緣)을 인정하지 않
으면 진여는 불변의(不變義)일 뿐이어서 이른바 응연(凝然)하여 일체 제
법과 확연히 경계를 짓게 된다. 진여의 빛에 비추어지지 않은 채 전혀 그

---

32) 『大正新脩大藏經』권44, 高楠順次郎 편(東京: 大藏出版株式會社, 1925), p.243b-c. 한
   문번역은 박태원, 『大乘起信論思想研究(1)』(서울: 민족사, 1994), pp.137-138에 준함.
   "現今東流一切經論. 通大小乘. 宗途有四. 一隨相法執宗. 即小乘諸部是也. 二眞空無
   相宗. 即般若等經. 中觀等論所說是也. 三唯識法相宗. 即解深密等經. 瑜伽等論所說是
   也. 四如來藏緣起宗. 即楞伽密嚴等經. 起信寶性等論所說是也. 此四之中. 初則隨事執
   相說. 二則會事顯理說. 三則依理起事差別說. 四則理事融通無礙說. 以此宗中許如來藏
   隨緣成阿賴耶識. 此則理徹於事也. 亦許依他緣起無性同如. 此則事徹於理也."

빛과 연이 없는 중생 곧 무성유정(無性有情)도 존재할 수 있게 된다.[33]

곧 진여가 불변의 측면만을 지니고 응연에 머무른다면 당시 화엄종과 대립관계에 있었던 법상종에서 주장하는 오성각별설을 용인하게 되고 곧 일부의 중생은 성불할 수 없다는 것을 인정하게 되는 결과를 낳는 것이다. 이 점에 있어서 법장은 여래장연기종을 별도로 부각시키면서 그 차이점을 예리하게 드러내고 모든 중생이 성불할 수 있음을 역설하고 있는 것이다.

현대한국불교계의 원로 중 한 명으로 최근에 입적한 청화(淸華, 1923 -2003) 스님은 사종연기(四種緣起)[34]에 대한 그의 법문 가운데 여래장 연기에 관하여 다음과 같이 이야기하고 있다.

우리 인간이 미처 몰라서 이것이다 저것이다 그렇게 하는 것이지 원인(原因)을 캐고 들어가서 끄트머리에 들어가면 다 부처님한테 이르는 것입니다. 그러기 때문에 부처님, 진여불성(眞如佛性)이 그때그때 연(緣) 따라서 이루어지는 것이 우리 지금 현상계라는 것입니다. 내가 금생에 태어난

---

33) 吉津宜英, 「法藏の大乘起信論義記の成立と展開」, 『如來藏と大乘起信論』, 平川彰 편, (東京; 春秋社, 1990), p.398.

34) 업감연기(業感緣起), 아뢰야연기(阿賴耶緣起), 여래상연기(如來藏緣起), 육대연기(六大緣起)를 가리킨다. 청화스님에 의하면, 업감연기는 가장 낮은 상대적 차원의 연기로 행한 바에 따라서 고(苦)를 받는다는 연기이며, 아뢰야연기는 한층 더 심오한 차원의 연기로 업감연기의 근원적 실재로서 아뢰야식(阿賴耶識)을 상정하는 연기이고, 여래장 연기는 너욱 심오한 차원의 연기로 아뢰야식의 근원적 실재로서 진여불성(眞如佛性)의 여래장(如來藏)을 상정하는 연기이다. 육대연기는 밀교에서의 연기로서 땅 기운, 물 기운, 불 기운, 바람 기운, 텅 빈 공(空)의 기운, 마음 기운 등 여섯 가지 속성이 진여불성의 여래장 가운데 갖추어져 있는 속성으로서 일체 존재를 이룬다는 것이니, 여래장 연기의 밀교적 구체화라고 할 수 있다. 요컨대, 행한 바에 따라서 고(苦)를 받는다는 차원의 연기는 가장 낮은 가르침이며, 모든 존재가 궁극적 실재로서 진여불성의 여래장을 품고 있으며 진여불성의 섭리하에 놓여 있다는 여래장 연기를 깨달아야 참된 연기의 이치를 깨치는 것이라고 청화스님은 가르치고 있는 것이다.
淸華 큰스님, 「마음의 고향」 제16집
(http://www.amita.net/buddhism/bud4_04_32.php)

것이나, 또 살다 죽는 것이나, 사업에 실패하는 것이나, 누구를 좋아하는 것이나, 모두가 다 겉만 보면 별것도 아니고 상대적인 걸로 해서 되는 것 같지만 근본 뿌리를 캐 들어간다고 할 때는 다 부처님의 도리란 말입니다. 다 하나님의 섭리(攝理)입니다. 여러분들이 하나님의 섭리라고 하면 우습게 생각하고 미신(迷信)같이 생각하시는 분도 있겠지요. 그렇지 않은 것입니다. 그것은 우주라는 것이 근원에서 본다고 생각할 때는 다 하나님의 섭리요 근본 도리입니다. 다 진리의 섭리입니다. 우리가 뚝 떼어서 현상적인 세계만 볼 때는 원인이 있으면 결과가 있고, 이것이 있으면 저 것이 있고, 이렇게 되겠습니다마는 가장 근본적인 도리에서 생각할 때에는 부처님의 섭리, 하나님의 섭리입니다. 여기에서 불교와 기독교는 하나가 되는 것입니다.[35]

이 법문은 소박한 법문이라고 할 수도 있으나 여래장연기에서 우리의 삶에 초월적 실재의 섭리가 함께 함을 밝히면서 불교와 그리스도교 사이의 접점을 뚜렷하게 이야기하고 있다.

35) 清華 큰스님, 「마음의 고향」 제16집
    (http://www.amita.net/buddhism/bud4_04_32.php)

3장 대승기신론에서의 신앙

우리는 앞 장에서 대승기신론이 뚜렷하게 일심(一心)이라는 초월적 실재를 가르치고 있는 저술임을 보았다. 그 초월적 실재는 우리의 삶에서 구체적으로 어떠한 의미를 지니는 것인가? 캔트웰 스미스는 초월적 실재에 대한 통찰과 응답이 우리의 신앙을 구성한다고 하였다. 여기에서는 그러한 캔트웰 스미스의 구도에 따라서 대승기신론 및 원효의 『대승기신론별기(大乘起信論別記)』와 『기신론소(起信論疏)』에서 그러한 통찰과 응답이 어떻게 나타나고 있는가를 살펴보기로 한다.

대승기신론(大乘起信論)은 제목 자체가 대승에 대한 신(信)을 일으키는 것에 관한 논 혹은 대승이 신(信)을 일으키는 것에 관한 논임을 천명하고 있다. 원효는 이러한 제목에서의 '신(信)'의 의의에 대하여 다음과 같이 말한다.

> '기신(起信)'이라고 말한 것은 이 『기신론(起信論)』의 글에 의하여 중생의 신(信)을 일으키기 때문에 '신(信)을 일으킨다'고 말하였다. '신(信)'은 결정코 그러하다고 여기는 말이니, 리(理)가 참으로 있음을 신(信)하며, 닦아서 얻을 수 있음을 신(信)하며, 닦아서 얻을 때에 무궁한 덕이 있음을 신(信)하는 것을 말하는 것이다.[1]

---

[1] 은정희 역주, 같은 책, pp.40-41. 韓國佛敎全書1, p.737b. "言起信者. 依此論文, 起衆生信, 故言起信. 信以決定謂爾之辭. 所謂信理實有. 信修可得. 信修得時有無窮德." 이 부분에서 은정희 교수는 '신(信)'에 있어서 " '신(信)'은 결정코 그러하다고 여기

여기에서 원효는 '신(信)'의 의미가 대수롭지 않게 이해되는 것을 경계하여 '결정코 그러하다'라는 풀이를 넣어 그 의미를 심각하게 받아들일 것을 강조하고 있음을 알 수 있다. 곧 '리(理)가 참으로 있음'을 신(信)한다는 것은 초월적 실재로서의 리(理) 곧 진여(眞如)로서의 일심(一心)이 참으로 있다는 것을 통찰하고 그러한 사실에 대하여 실천적으로 응답한다는 것을 의미하는 것이다. 이러한 사실은 이어지는 원효의 다음과 같은 설명에서 더욱 뚜렷해진다.

> 이 중에서 '리(理)가 참으로 있음을 신(信)한다'는 것은 체대(體大)를 신(信)하는 것이니, [현상으로서의] 일체법(一切法)이 그 실체를 얻을 수 없음을 신(信)하기 때문에 곧 [초월적 실재로서의] 평등법계(平等法界)가 참으로 있음을 신(信)하는 것이다. '닦아서 얻을 수 있음을 신(信)한다'는 것은 상대(相大)를 신(信)하는 것이니, [초월적 실재로서의 리(理)가] 본성의 공덕을 갖추어 중생을 훈습하기 때문에 곧 [리(理)의] 상(相)이 훈습하므로 반드시 근원으로 돌아갈 수 있음을 신(信)하는 것이다. '무궁한 공덕의 작용이 있음을 신(信)한다'는 것은 용대(用大)를 신(信)하는 것이니 [리(理)는] 하지 못하는 바가 없기 때문이다.[2]

우리는 앞에서 대승기신론이 전통적으로 일심(一心)·이문(二門)·삼대(三大)·사신(四信)·오행(五行)의 구조로 이해되어 왔음을 이야기했거니와, 여기에서 원효는 대승기신론에서의 신(信)이 일심(一心)의 체(體)와 상(相)과 용(用)의 세 측면에서의 위대함 곧 세 차원에서의 초

는 말이니'"라는 부분을 제외하고는 그냥 '믿음' 혹은 '믿는다'라고 번역하고 있다. 본서에서는 캔트웰 스미스의 믿음과 신앙에 대한 구분에 따라서 '믿음'과 '믿는다'라는 표현을 모두 '신(信)'과 '신(信)하다'로 바꾸었다.

2) 김무득 역주, 『大乘起信論과 疏와 別記』(서울: 경서원, 1991), pp.32-35. 韓國佛敎全書1, p.734c. "此中信實有者, 是信體大. 信一切法不可得故. 卽信實有平等法界. 信可得者, 是信相大. 其性功德熏衆生故. 卽信相熏必得歸原. 信有無窮功德用者, 是信用大. 無所不爲故." 이 부분은 은정희의 번역에 비하여 김무득의 번역이 월등히 명료하므로 김무득의 번역을 따른다.

월성을 지니고 있는 것에 대한 통찰이자 실천적 응답이라는 것을 밝히고 있는 것이다.

대승기신론의 인연분 본문에서는 여덟 가지 인연 가운데 두 번째 인연을 다음과 같이 이야기하고 있다.

> 둘째는 여래의 근본의 뜻을 해석하여 모든 중생으로 하여금 바르게 이해하여 틀리지 않도록 하고자 하기 때문이다.[3]

곧 대승기신론 본문에서도 여래의 근본의 뜻을 해석하여 바르게 이해하여 틀리지 않는 것이 결정적으로 중요하다는 것을 강조하고 있는 것이다. 특히 원효는 이 두 번째 인연이 기신론 전체에 해당할 뿐만 아니라 해석분 안의 현시정의(顯示正義)와 대치사집(對治邪執)에 해당하는 별인(別因)이라고 밝히고 있다.[4] 이 두 부분은 대승기신론 연구자 대다수가 대승기신론의 핵심적 부분이라고 밝히고 있는바 대승기신론이 지혜와 대립되는 신(信)을 주장하는 것이 아니라 초월적 실재에 대한 올바른 통찰과 응답으로서의 신앙을 주장하는 논임을 원효는 뚜렷이 말하고 있는 것이라고 하겠다. 일부 연구자들은 신(信)을 단순하게 신이나 부처에 대한 맹목적 믿음 정도로 해석해서 대승기신론에 있어서도 수행신심분의 아미타불 신앙에만 해당하는 것이며 또한 낮은 차원의 범주라고 간주하기도 하는데, 그것은 대승기신론에 대한 올바른 이해라고 볼 수 없는 것이다.

본 장에서는 이처럼 초월적 실재에 대한 올바른 통찰과 응답으로서의 신앙이라는 관점에서 우선 1절과 2절에서는 해석분의 현시정의(顯示正義) 부분에서 각(覺) 및 진여훈습(眞如薰習)과 관련하여 신앙이 어떻게 이해

---

3) 은정희 역주, 같은 책, pp.62-63. 韓國佛敎全書1, p.737b-c. "二者爲欲解釋如來根本之義, 令諸衆生正解不謬故."
4) 은정희 역주, 같은 책, p.65. 韓國佛敎全書1, p.737c-738a.

될 수 있는가를 살펴보기로 한다. 3절과 4절에서는 1절과 2절에서의 다소 추상적인 설명에 대비하여 비교적 구체적인 신앙생활의 측면을 다루고 있다고 할 수 있는 해석분의 분별발취도상(分別發趣道相, 도에 발심하여 나아가는 모양을 분별함) 부분과 수행신심분(修行信心分)을 중심으로 기신론의 신앙관을 살펴보기로 한다.

1절 각(覺)에 있어서의 신앙

우리는 앞 장에서 불생불멸의 일심이 생멸문의 차원에서 생멸과 화합하여 같은 것도 아니고 다른 것도 아닌 것을 이름하여 아려야식(阿黎耶識)이라고 한다는 것을 살펴보았다. 대승기신론에서는 이 아려야식에 각(覺)의 뜻과 불각(不覺)의 뜻이 있다고 한다. 대승기신론에서는 우선 각(覺)에 대하여 다음과 같이 설명한다.

각(覺)의 뜻이라고 하는 것은 마음의 바탕[心體]이 생각[念]을 여읜 것을 말함이니, 생각[念]을 여읜 모습이란 허공계(虛空界)와 같아서 두루하지 않는 바가 없어 법계일상(法界一相)이며 바로 여래의 평등한 법신이다.[5]

이 부분에 대하여 원효는 다음과 같이 풀이하고 있다.

'마음의 바탕이 생각[念]을 여의었다'고 한 것은 망령된 생각을 여읜 것을 말하며, 이는 불각(不覺)이 없음을 나타낸 것이다. '허공계와 같다'는

---

5) 은정희 역주, 같은 책, p.140. 韓國佛敎全書1, p.748b. "所言覺義者. 謂心體離念. 離念相者, 等虛空界, 無所不偏, 法界一相, 卽是如來平等法身."

것은, 다만 어두움이 없을 뿐만 아니라 지혜의 광명이 법계에 두루 비쳐 평등하고 둘이 없는 것이다.6)

원효의 이러한 설명은 기신론 본문의 내용을 명료화해준다. 곧 각(覺)이 단순히 생각이 없는 부정적 상태로 오인될 소지를 차단하고 그 적극적 의미를 드러내주고 있는 것이다. 다시 말해서 각(覺)은 부정적으로 표현하면 망령된 생각이 없는 상태이며, 긍정적으로 표현하자면 지혜의 광명이 법계에 두루 비치는 적극적 경지인 것이다.

대승기신론에서는 이처럼 각(覺)의 의미에 대하여 말하고 이어서 본각(本覺)과 시각(始覺)과 불각(不覺)에 대하여 다음과 같이 말한다.

이 법신에 의하여 본각(本覺)이라고 말하는 것이다. 어째서인가? 본각의 뜻이란 시각(始覺)의 뜻에 대하여 말한 것이니 시각이란 바로 본각과 같아지기 때문이며, 시각의 뜻은 본각에 의하기 때문에 불각(不覺)이 있으며 불각에 의하므로 시각이 있다고 말하는 것이다.7)

요컨대 대승기신론에서는 본각과 시각과 불각이 상호관련적인 맥락에서 이야기되는 것임을 밝히고 있다. 이 부분에 대하여 원효는 다음과 같이 풀이하고 있다.

각(覺)의 뜻이라 하는 것은 곧 두 가지가 있으니, 본각과 시각을 말한다. 본각이란 이 마음의 본성[心性]이 불각의 모습[不覺相]을 여읜 것을 말하니, 이 깨달아 비추는 성질을 본각이라 하는 것이다. 이는 아래 글에서 '이른바 자체에 큰 지혜광명의 뜻이 있다'고 한 것과 같다. 시각이란 바로 이

---

6) 은정희 역주, 같은 책, p.141. 韓國佛敎全書1, p.748b. "言心體離念者, 謂離妄念. 顯無不覺也. 等虛空界者, 非唯無闇, 有慧光明徧照法界平等無二."
7) 은정희 역주, 같은 책, p.140. 韓國佛敎全書1, p.748b. "依此法身說名本覺. 何以故. 本覺義者. 對始覺義說. 以始覺者, 卽同本覺. 始覺義者, 依本覺故而有不覺, 依不覺故說有始覺."

마음의 바탕[心體]이 무명의 연을 따라 움직여서 망념을 일으키지만, 본각
의 훈습의 힘에 의하여 차츰 각의 작용이 있으며 궁극적인 경지에 가서는
다시 본각과 같아지는 것이니, 이를 시각이라 말하는 것이다.8)

곧 원효는 대승기신론 본문에서 다소 소략하게 이야기된 것을 상세
하게 풀이해주고 있다. 여기에서 또한 중요한 것은 원효가 훈습(薰習)
의 개념을 도입하여 본각(本覺)과 시각(始覺)의 관계를 명료하게 밝혀
주고 있다는 점이다. 본각이 훈습이라는 능동적인 힘으로 각(覺)의 작
용을 일으켜 시각(始覺)을 이룬다는 것을 명시하고 있는 것이다. 역으
로 말한다면 본각이 능동적인 힘이 없다면 우리 중생들은 별 희망이
없는 것이다. 본각이 훈습이라는 능동적인 힘을 통해서 우리로 하여
금 깨달음의 길에 들어서게 하는 것이다.
　대승기신론에서는 이 각(覺)에 또한 여러 단계의 수준이 있음을 다
음과 같이 이야기한다.

　　범부 정도의 사람은 먼저의 생각에 악이 일어난 것을 알기 때문에 뒤
　에 일어나는 생각을 그치게 하여 그 생각이 일어나지 않게 하는 것이니,
　이는 또한 각(覺)이라고 이름을 붙이지만 바로 불각(不覺)이기 때문이다.
　이승(二乘)의 관지(觀智)와 초발의보살(初發意菩薩) 등 정도의 사람은 생
　각의 이상(異相)을 깨달아 생각에 이상(異相)이 없으니, 이는 추분별집착
　상(麤分別執著相)을 버렸기 때문이며, 따라서 상사각(相似覺)이라 이름한
　다. 법신보살(法身菩薩) 등 정도의 사람은 생각의 주상(住相)을 깨달아 생
　각에 주상이 없으니, 이는 분별추념상(分別麤念相)을 여의었기 때문이며,
　따라서 수분각(隨分覺)이라 이름한다. 보살지(菩薩地)가 다한 정도의 사람
　은 방편을 만족시켜서 일념(一念)이 상응하고 마음의 처음 일어나는 상

---

8) 은정희 역주, 같은 책, p.142. 韓國佛敎全書1, p.748c. “言覺義者, 卽有二種. 謂本覺,
　始覺. 言本覺者, 謂此心性離不覺相, 是覺照性, 名爲本覺. 如下文云所謂自體有大智
　慧光明義故. 言始覺者. 卽此心體隨無明緣. 動作妄念. 而以本覺熏習力故, 稍有覺用,
　乃至究竟, 還同本覺. 是名始覺.”

(相)을 깨달아 마음에 초상(初相)이 없으니, 이는 미세념(微細念)을 멀리 여의었기 때문이며, 심성(心性)을 보게 되어 마음이 곧 상주하니, 이를 구경각(究竟覺)이라고 이름한다. 그러므로 경에서 '만약 어떤 중생이 무념(無念)을 볼 수 있다면 곧 불지(佛智)에 향함이 된다'고 말하였다.9)

곧 크게 구분하면 구경각(究竟覺)과 구경각이 아닌 각으로 나눌 수 있으며, 그 사이에도 여러 가지로 나뉘는바 각이라고 하지만 불각(不覺)에 해당하는 범부의 각이 있고, 그 위로는 상사각(相似覺)과 수분각(隨分覺)의 과정을 거쳐서 비로소 구경각이 있는 것이다. 이처럼 각에 여러 차원이 있는 것은 캔트웰 스미스가 신앙에 여러 수준이 있음을 이야기하는 것에 비견될 수 있을 것이다. 신앙은 초월적 실재에 대한 통찰이기는 하지만 모든 신앙이 다 같은 수준의 것은 아닌 것을 여기에서도 확인할 수 있는 것이다.

원효는 이 부분에 대한 풀이에서 다음과 같이 말하고 있다.

이는 본래 무명불각의 힘에 의하여 생상(生相) 등 여러 가지 꿈결 같은 생각(夢念)을 일으키고 그 마음의 근원[心源]을 움직여 점차로 멸상(滅相)에 이르며, 오래도록 삼계(三界)에 잠들어 육취(六趣)에 유전하다가, 이제 본각의 불가사의한 훈습(薰習)에 의하여 생사(生死)를 싫어하고 열반을 즐겨 찾는 마음을 일으켜 점점 본원으로 향하여 비로소 멸상과 내지 생상을 쉬고 환하게 크게 깨달아 자체의 마음[心]이 본래 움직이는 바가 없음을 깨닫고, 이제는 고요한 바도 없으며 본래 평등하여 일여(一如)의 자리에 머물게 됨을 밝히고자 하는 것이다.10)

---

9) 은정희 역주, 같은 책, pp.147-158. 韓國佛教全書1, p.749c. "如凡夫人覺知前念起惡故, 能止後念令其不起. 雖復名覺, 即是不覺故. 如二乘觀智, 初發意菩薩等, 覺於念異, 念無異相. 以捨麤分別執著相故, 名相似覺. 如法身菩薩等, 覺於念住, 念無住相. 以離分別麤念相故, 名隨分覺. 如菩薩地盡, 滿足方便, 一念相應覺心初起, 心無初相, 以遠離微細念故, 得見心性, 心即常住, 名究竟覺. 是故脩多羅說, 若有衆生能觀無念者, 則爲向佛智故."

10) 은정희 역주. 같은 책, pp.156-157. 韓國佛教全書, p.750c. "欲明本依無明不覺之力.

곧 원효는 이 부분에 있어서도 본각의 불가사의한 훈습(薰習)의 힘에 주목하고 있는 것이다. 다시 말해서, 본각의 불가사의한 훈습의 힘이 없다면 우리 중생들은 삼계 육취에 잠들어 떠돌 수밖에 없는 운명인 것이다. 그리고 그러한 한심한 처지에 있으면서도 그러한 처지를 싫어하는 마음조차 낼 수 없는 것이다. 괴로움을 괴로움이라고 알지도 못하는 처지가 될 수밖에 없는 것이다. 아무리 괴롭더라도 괴로움이라고 알지 못한다면 행복한 것 아니겠느냐고 반문할 수도 있겠지만, 그것은 그러한 처지를 벗어나는 경지가 전혀 없을 때에나 다소나마 설득력이 있을 수 있는 것이다. 가령 조선시대에 노비로 살던 사람이 인류 평등의 사상을 모르고 자기의 노비 신세를 천부적인 것으로 알면서 별 불평 없이 살았다고 해서 그 삶을 행복한 삶이라고 할 수 있을까? 오늘날의 평등한 시민으로 사는 것에 비하면 불행한 삶임에 틀림없는 것이다. 곧 원효가 여기에서 이야기하는 생사를 싫어하는 마음은 그 생사의 괴로움이 극복되는 보다 초월적인 경지의 차원이 있다는 점에서 중요한 의의를 갖는 것이다. 그리고 이러한 맥락에서 그러한 차원을 일깨워주는 본각의 훈습하는 힘이 중요한 의의를 갖는 것이다.

2절 진여훈습에서의 신앙

우리는 앞 절에서 원효의 주석을 통하여 본각의 훈습하는 힘에 대한 설명을 살펴보았거니와, 대승기신론 본문에서 이러한 긍정적 의미

起生相等種種夢念, 動其心源, 轉至滅相. 長眠三界, 流轉六趣. 今因本覺不思議熏, 起厭樂心. 漸向本源, 始覺滅相乃至生相. 朗然大悟, 覺了自心本無所動. 今無所靜. 本來平等, 住一如牀."

의 훈습은 진여에 의한 훈습으로 이야기되고 있다. 대승기신론에서는 다음과 같이 이야기하고 있다.

> 어떻게 훈습하여 정법(淨法)을 일으켜 단절시키지 않는가? 이른바 진여 법이 있기 때문이니, 이 진여가 무명을 훈습하는 것이며 훈습하는 인연의 힘에 의하여 곧 망심(妄心)으로 하여금 생사(生死)의 고통을 싫어하고 열 반을 구하기를 좋아하게 하는 것이다. 이 망심에 생사의 고통을 싫어하고 열반을 구하기 좋아하는 인연이 있기 때문에 곧 진여를 훈습한다. [그리하여] 스스로 자기의 본래의 성(性)을 신(信)하여 마음이 망령되이 움직이는 것일 뿐 앞의 경계가 없음을 알아 멀리 여의는 법을 닦는다.[11]

곧 우리가 세상살이의 고통을 깨닫고 그 고통을 제거하고자 노력하는 것 자체가 초월적 실재인 진여의 힘이라는 것을 이 부분은 뚜렷이 보여주고 있다. 진여가 없다면 우리는 아무런 희망이 없는 것이다. 진여가 있기에, 아니 그저 있는 것이 아니라 인연의 힘에 의하여 우리로 하여금 우리의 처지를 자각하고 보다 나은 방향으로 나아가게끔 이끌기에 우리의 삶은 보람이 있는 것이고 희망이 있는 것이다. 거듭 강조하거니와, 우리의 처지가 고통스럽다는 것을 깨닫는 것 자체가 그보다 나은 고통스럽지 않은 경지에 대한 깨달음이 있기에 가능한 것이다.

이러한 진여의 인연은 단지 공허하게 이루어지는 것은 아니다. 구체적으로 부처, 보살 선지식(善知識) 등을 만나지 못하거나 만나더라도 제대로 가르침을 받지 않으면 안 되는 것이다.

---

11) 은정희 역주, 같은 책, pp.283-284. 韓國佛教全書1, pp.768c-769a. "云何熏習起淨法不斷?所謂以有眞如法故, 能熏習無明, 以熏習因緣力故, 則令妄心厭生死苦, 樂求涅槃. 以此妄心有厭求因緣故, 即熏習眞如. 自信己性, 知心妄動, 無前境界, 修遠離法." Hakeda, op. cit., pp.58-59.

또 모든 불법이 인(因)이 있고 연(緣)이 있는 것이니, 인연이 구족하여야 법이 이루어질 수 있는 것이다. 이는 나무 중의 화성(火性)이 불의 정인(正因)이지만 만약 사람이 알지 못하여 방편을 빌리지 못하면 스스로 나무를 태울 수 없는 것과 같이, 중생도 그러하여 정인(正因)의 훈습하는 힘이 있으나 만약 모든 부처, 보살, 선지식(善知識) 등을 만나 그들로 연(緣)을 삼지 못한다면 스스로 번뇌를 끊고 열반에 들어갈 수 없는 것이다.12)

이러한 대승기신론의 입장은 불교가 단순히 덧없는 인간의 암중모색적인 노력에 의한 자력종교에 불과하다는 입장으로 이해되어서는 안 된다는 것을 뚜렷이 보여주고 있다. 초월적 실재인 진여의 힘에 의하여 근본적으로 진전할 수 있는 것이 불교의 신앙인 것이다. 또한 불교의 신앙은 보조적으로는 다른 사람들에게서 배움을 얻어야만 이룰 수 있는 것이다. 곧 캔트웰 스미스적인 범주로 이야기한다면 초월적 실재인 진여로서의 인(因)과 부처와 보살과 선지식 등의 축적적 전통으로서의 연(緣)이 있어야 하는 것이지 단순히 중생의 독자적인 힘으로 이루어지는 것이 아닌 것이다.

이처럼 중생이 단순히 독자적으로는 불도를 이룰 수 없다는 대승기신론의 입장은 이미 그 서두의 인연분(因緣分)에서의 다음과 같은 설명에서도 뚜렷이 나타난다.

묻기를, "경 가운데 이러한 법이 갖추어 있는데, 어찌하여 거듭 설명해야 하는가?"

답하기를, "경 가운데에도 이러한 법이 있긴 하나 중생의 근기와 행동이 같지 않으며, 받아서 이해하는 연(緣)도 다르다. 이른바 여래가 세상에 계실 적에는 중생의 근기가 예리하고 설법하는 사람도 색(色)·심(心)의

---

12) 은정희 역주, 같은 책, p.288. 韓國佛敎全書1, p.769c. "又諸佛法, 有因有緣, 因緣具足, 乃得成辦. 如木中火性, 是火正因, 若無人知, 不假方便, 能自燒木, 無有是處. 衆生亦爾, 雖有正因熏習之力, 若不遇諸佛菩薩善知識等以之爲緣, 能自斷煩惱入涅槃者, 則無是處."

업이 수승하여 원음(圓音)으로 한 번 연설하매 다른 종류의 중생들이 똑같이 이해하므로 논을 필요로 하지 않았었다.

그러나 여래가 돌아가신 후에는 혹 어떤 중생은 자력으로 널리 듣고서 이해하는 사람이 있고 혹 어떤 중생은 자력으로 적게 듣고 많이 아는 이가 있으며, 혹 어떤 중생은 자심력(自心力)이 없어서 광론(廣論)에 의하여 이해하게 되는 사람도 있으며, 또한 어떤 중생은 다시 광론의 글이 많음을 번거롭게 여겨 마음으로 총지(總持)와 같이 글의 분량이 적으면서 많은 뜻을 가지고 있는 것을 좋아하여 그런 것을 잘 이해하는 사람도 있다. 이처럼 여래의 광대하고 깊은 법의 한없는 뜻을 총괄하고자 하기 때문에 이 논을 설명해야 하는 것이다."13)

곧 여래가 세상에 계실 적에는 설법을 듣는 중생과 설법을 하는 여래가 모두 뛰어나서 별도의 논서가 필요 없었지만 그 후에는 사정이 달라져서 자력으로 널리 듣고 이해하는 사람도 있고 적게 듣고 많이 아는 자가 있는 등 다양한 근기의 사람들에 대하여 다양한 논서가 요구되게 되었다는 것이다. 여기에서 '자력으로' 무언가를 할 수 있는 사람도 우선 널리 혹은 적게 '듣고' 나서야 이해하거나 알게 된다는 것도 유의할 필요가 있다. 불교에서는 불교의 포용성을 이야기하는 가운데 홀로 깨닫는 사람을 독각(獨覺) 혹은 연각(緣覺)이라고 하여 인정하기도 하지만 극히 예외적인 경우이며 그다지 바람직한 경우라고 여기지도 않는 것이 상례이다. 곧 불교는 초월적인 실재에 대한 통찰과 응답이라는 점에서 단순한 자력종교가 아닐 뿐만 아니라, 축적적 전통의 입장에서도 단순히 자력종교로 보는 것은 무리인 것이다.

---

13) 은정희 역주, 같은 책, pp.67-69. 韓國佛教全書1, p.738b. "問曰. 脩多羅中具有此法, 何須重說. 答曰. 脩多羅中雖有此法. 以衆生根行不等, 受解緣別. 所謂如來在世, 衆生利根. 能說之人色心業勝. 圓音一演, 異類等解, 則不須論. 若如來滅後, 或有衆生能以自力廣聞而取解者, 或有衆生亦以自力少聞而多解者, 或有衆生無自心力, 因於廣論而得解者, 亦有衆生復以廣論文多爲煩, 心樂總持少文而攝多義能取解者. 如是此論, 爲欲總攝如來廣大深法無邊義故, 應說此論."

물론 인간이 원래 구원의 가능성이 전혀 없는데 절대적 타자로서의 하느님이 전적으로 일방적인 은총으로, 특히 임의적인 선택에 의해서 구원을 내려준다는 절대 타력적인 입장만이 타력종교라고 한다면 불교는 그러한 의미에서의 타력종교는 아니다.

불교에서는 인간 자체가 초월적 실재에 뚜렷이 기반하고 있다는 것을 이야기한다는 점에서 초월적 실재와 인간의 관계는 끊어질 수 있는 관계가 아닌 것이다. 대승기신론에서는 인(因)으로서의 정법(淨法)이 사람들을 훈습하는 힘이 있다는 것에 관하여 다음과 같이 말한다.

> 만약 외연(外緣)의 힘이 있으나 안으로 인(因)의 정법(淨法)이 아직 훈습의 힘을 갖지 못한 사람이라면 또한 구경에 생사의 고통을 싫어하고 열반을 즐겨 구할 수는 없을 것이다.[14]

곧 인간이 초월적 실재인 진여에 기반하고 있지 않다면 구원의 가능성은 없는 것이다. 여기에서 "안으로 인의 정법이 아직 훈습의 힘을 갖지 못한 사람"이라는 표현은 '인의 정법'이 사람마다 다른 강도로 작용한다는 것을 시사하고 있으며, 여기에서는 다소 선택적 은총의 개념을 읽어 들어갈 수 있는 여지를 주고 있다고 할 수 있다. 다시 말해서, 어떤 사람이 생사의 세계가 고통스럽다는 것을 깨닫는 데에는 인으로서의 정법이 먼저 그 사람의 마음에 강하게 작용해야 하는 것인데, 그렇게 강하게 작용하느냐 여부는 중생 자체의 노력이나 힘으로 되는 것만이 아닌 것이다. 세속을 고통으로 여기고 초월하고자 하는 욕구는 세속을 초월하는 실재 자체에서 그 사람에게 자극을 주어야만 가능한 것이다. 이것은 캔트웰 스미스가 신앙을 초월적 실재가 먼저 초대하는 것에 대한 인간의 응답이라고 보는 관점과 상당히 부합하는 것이다. 원론적으로는 모든 사람에게 인

---

14) 은정희 역주, 같은 책, pp.288-289. 韓國佛敎全書1, p.769c. "若雖有外緣之力, 而內淨法未有熏習力者, 亦不能究竟厭生死苦樂求涅槃."

으로서의 정법이 작용하고 있다고 할 수도 있으나, 구체적 역사 안에서
어떤 사람이 실질적인 통찰과 응답을 하는 데 있어서는 초월적 실재로부
터의 구체적이고 특수한 은총적 작용이 선행되어야 하는 것이다.

대승기신론에서는 진여의 훈습에 있어서 이러한 내인(內因)의 정법
과 더불어 외연(外緣)의 힘이 작용하는 것을 가리켜 용훈습(用薰習)이
라고 한다. 이 외연에는 또한 온갖 중생에게 다양한 모습으로 나타나
는 차별연(差別緣)과 삼매에 의하여서만 평등하게 모든 부처를 볼 수
있는 평등연(平等緣)이 있다. 이 가운데 차별연을 통한 용훈습에 대하
여 우리는 유심히 살펴볼 필요가 있는바 대승기신론에서는 다음과 같
이 말한다.

> 차별연이란 이 사람이 모든 부처와 보살 등에 의하여 처음 발의(發意)
> 하여 비로소 구도(求道)할 때로부터 부처가 되기에 이르기까지 그 가운데
> 에서 혹은 보기도 하고 혹은 생각하기도 함에 있어, 어떤 경우는 권속(眷
> 屬)·부모(父母)·제친(諸親)이 되며 어떤 경우는 급사(給使)가 되며, 어떤
> 경우는 지우(知友)가 되며, 어떤 경우는 원가(怨家)가 되며, 어떤 경우는
> 사섭(四攝)을 일으키며, 내지 일체의 짓는 한량없는 행위의 연(緣)이 되는
> 것이니 이는 대비(大悲)로 훈습하는 힘을 일으켜 중생으로 하여금 선근을
> 증장케 하여 혹은 보거나 혹은 들어서 이익을 얻게 하기 때문이다.[15]

이 차별연을 유심히 보아야 할 필요는 캔트웰 스미스가 신앙에 대해
서 이야기하는 가운데 우리의 이웃들에 대하여 그 피상적인 모습만을 보
는 것에 대하여 심각하게 경계하는 대목을 떠올리게 하기 때문이다. 곧
이곳에서도 외연(外緣)으로 열거되는 것이 단지 부처나 보살이나 부모와

---

15) 은정희 역주, 같은 책, pp.291-292. 韓國佛敎全書1, p.770a. "差別緣者. 此人依於諸
  佛菩薩等, 從初發意始求道時, 乃至得佛, 於中若見若念. 或爲眷屬父母諸親. 或爲給
  使. 或爲知友. 或爲怨家. 或起四攝. 乃至一切所作無量行緣. 以起大悲熏習之力. 能
  令衆生增長善根. 若見若聞得利益故."

같이 마땅히 공경하고 긍정적으로 대해야 할 존재들만이 아닌 것에 유념
해야 하는 것이다. 급사(給使)와 같은 어쩌면 하찮은 심부름꾼이 있는가
하면 원가(怨家) 곧 원수의 집안도 우리로 하여금 선근이 증장되도록 하
는 외연(外緣)일 수 있는 것이다. 사실 삼국유사와 같은 불교 관계 설화
집에서 나오는 이야기의 상당 부분은 고승대덕들이 자신들에게 찾아오는
허름하고 남루한 낯선 이나 보잘 것 없는 여인네를 함부로 대하다가 큰
봉변을 당하는 이야기들로 구성되어 있다. 뿐만 아니라 일본의 대표적인
불교학자 카마타 시게오(鎌田茂雄)는 대승기신론에 관련된 설화들을 모아
서 저서를 펴냈는데 거기에 모아진 이야기들의 상당수도 겉으로는 보잘것
없는 우리의 낯선 이웃들을 소중하게 대해야 한다는 가르침으로 일관하고
있다.16) 카마타 시게오는 이 저서의 한 곳에서 중국 오대산 화엄사에서
큰 재회(齋會)를 올리는 중에 아이를 잉태한 여자 걸식인이 홀대받았는데
그 여자가 문수보살로 변하여 천공으로 올라갔다는 이야기를 전하면서 다
음과 같이 이야기한다.

> 문수보살은 잉태한 여인의 몸으로 나타나 평등공양(平等供養)의 대공덕을
> 가르쳐주었다. 진여의 평등함을 여인의 모습으로 변현(變現)하여 가르쳐준
> 것이다……
> 『기신론』에서 설한바 "진여는 그 체가 평등하여 일체의 상(相)을 여읜
> 다"고 한 것은 오대산에 살아 있는 평등심을 말함이다. 진여평등이라 말
> 하면 그 어떤 근원적인 실재가 현상세계의 배후에 있어서 그것이 절대이
> 며 평등이라는 것 같이 생각할 수 있으나 그것은 관념에 의하여 만들어진
> 것에 불과한 것이다.
> 진여평등이란 일찍이 오대산에 살아 있는 평등한 심(心)인 것이다. 평
> 등한 마음이 살아 있을 때 거기에 진여평등이 뚜렷하게 현실에 구체적으
> 로 존재하게 되는 것이다. 남녀, 승속, 귀천을 차별하지 않고 공양의 식사
> 를 받는 그 모습이야말로 참된 진여평등인 것이다.17)

---

16) 鎌田茂雄, 『大乘起信論物語－中國佛敎の實踐者たち』 (東京: 大法輪閣, 1987).

곧 카마타 시게오는 다소 지나치게 현상 중심적으로 이야기하는 것 같기도 하지만 주변의 보잘것없어 보이는 이웃을 평등하게 공경하는 가운데 대승기신론에서 말하는 진여에 대한 체험이 올바르게 이루어 진다는 것을 뚜렷이 이야기하고 있는 것이다. 이것은 캔트웰 스미스 가 술주정뱅이를 그저 술주정뱅이로만 본다면 그렇게 보는 사람 자신 도 인간으로서 실패하는 것이라고 이야기하는 것과 일맥상통하는 것 이다.

또한 대승기신론에서는 염법(染法) 훈습과 정법(淨法) 훈습의 차이 에 대하여 다음과 같이 말한다.

> 염법(染法)은 무시의 때로부터 훈습하여 단절되지 않다가, 부처가 된 후에는 곧 단절함이 있으나, 정법훈습(淨法薰習)은 곧 단절함이 없어서 미래에까지 다하는 것이니, 이 뜻이 무엇인가? 진여법이 항상 훈습하기 때문에 망심이 곧 멸하고 법신이 밝히 나타나 용(用)의 훈습을 일으키므 로 단절함이 없는 것이다.[18]

이 부분에서, 우리는 1부에서 스미스의 불교 이해를 살펴보는 부분 에서, 붓다가 깨달은 뒤에도 초월적 실재로서의 다르마를 여전히 공 경하겠다고 서약하는 내용을 상기시켜볼 수 있다. 곧 대승기신론은 초기불교의 경전의 정신을 계승하여 진여법이 여전히 부처에게 있어 서도 초월적 실재임을 명시하고 있는 것이다. 모든 염법이 단절되었 다는 점에서 부처는 지고의 경지라고도 할 수 있으나, 여전히 정법은 부처에게 있어서 초월적인 실재인 것이다.

---

17) 鎌田茂雄, 『大乘起信論物語－中國佛敎の實踐者たち』(東京: 大法輪閣, 1987), pp.243-244.
18) 은정희 역주, 같은 책, p.296. 韓國佛敎全書1, p.771a. "染法從無始已來, 熏習不斷, 乃至得佛, 後則有斷. 淨法熏習, 則無有斷, 盡於未來. 此義云何? 以眞如法常熏習故, 妄心則滅, 法身顯現, 起用熏習, 故無有斷."

3절 분별발취도상(分別發趣道相)에서의 신앙

대승기신론에서 해석분(解釋分)의 세 번째 부분을 이루고 있는 분별발취도상(分別發趣道相, 도에 발심하여 나아가는 모양을 분별함) 부분에서는 신앙이 어떻게 이해되고 있는가? 우리는 1부에서 캔트웰 스미스가 신앙을 단지 초월적 실재에 대한 통찰에서 끝나는 것이 아니라 그 초월적 실재에 대한 헌신적 응답으로 이해한다는 것을 살펴보았고, 또한 붓다의 도덕적 삶에 대한 스미스의 신앙적 이해도 살펴보았다. 대승기신론에서도 신앙은 단순히 지적인 이해로서의 각(覺)은 아니다. 대승기신론에서는 신(信)을 성취함으로써 깨달음에의 가능성이 확실해지는 경지인 정정취(正定聚)에 들어설 수 있게 하는 발심(發心)인 신성취발심(信成就發心)에 대하여 다음과 같이 이야기한다.

신성취발심이란 어떠한 마음을 발하는 것인가? 대략 말하자면 세 가지가 있으니, 어떤 것이 세 가지인가? 첫째는 직심(直心)이니 진여법을 바로 생각하기 때문이요, 둘째는 심심(深心)이니 일체의 모든 선행을 모으기를 좋아하기 때문이요, 셋째는 대비심(大悲心)이니 모든 중생의 고통을 덜어주고자 하기 때문이다.[19]

곧 대승기신론에서의 신앙은 우선적으로 진여법에 대한 바른 생각으로 이루어지는 것이며, 그에 따른 구체적 실천이 요구되는 것이다. 신앙의 실천적인 차원에 대하여 대승기신론은 또한 문답의 형식을 빌어 다음과 같이 명료하게 이야기한다.

---

[19] 은정희 역주. 같은 책, pp.333-334. 韓國佛教全書1, p.776b. "信成就發心者, 發何等心. 略說有三種. 云何爲三. 一者直心. 正念眞如法故. 二者深心. 樂集一切諸善行故. 三者大悲心. 欲拔一切衆生苦故."

묻기를 "위에서 법계(法界)는 하나의 상(相)이며 불체(佛體)는 둘이 없다고 하였는데 무슨 까닭으로 오직 진여만을 생각하지 아니하고 다시 모든 선행을 배우려고 하는가?" 답하기를 "비유컨대 큰 마니보(摩尼寶)가 그 체성(體性)은 맑고 깨끗한 것이지만 거친 광석의 때를 가지고 있어서 만약 사람이 마니보의 깨끗한 본성을 생각하면서도 방편(方便)으로써 갖가지로 갈고 다듬지 않으면 끝내 깨끗해질 수 없는 것과 같다. 이와 같이 중생의 진여의 법도 그 체성이 텅 비고 깨끗하나 한량없는 번뇌의 더러운 때가 있으니, 만약 사람이 비록 진여(眞如)를 생각하지만 방편으로써 갖가지로 훈습하여 닦지 않으면 또한 깨끗해질 수가 없는 것이다. 왜냐하면 때가 한량이 없어 모든 법에 두루하기 때문에 모든 선행을 닦아서 대치하는 것이니, 만약 사람이 모든 선법(善法)을 수행하면 절로 진여법에 귀순하기 때문이다.[20]

이것은 불교에서의 신앙이나 구원이 단순히 관점이나 시각의 전환만으로 이루어지는 정태적인 것이 아님을 뚜렷이 보여주고 있다. 구체적인 선행을 통한 실천이 없는 관념상의 깨달음은 공허한 것이다. 이러한 실천수행에의 강조는 증발심(證發心)에 관한 다음과 같은 내용에서도 뚜렷하다.

묻기를 "만약 모든 부처에게 자연업(自然業)이 있어서 모든 곳에 나타나 중생을 이익 되게 한다면 모든 중생이 혹은 그 부처의 몸을 보거나, 혹은 신비한 변화를 보거니, 혹은 그 말씀을 들어 이이 되지 않음이 없음 텐데 어찌하여 세간에서 보지 못하는 이가 많은가?" 답하기를 "모든 부처와 여래의 법신이 평등하여 모든 곳에 두루하며 작의(作意: 의식적인 노력)가 없기 때문에 '자연(自然)'이라 한 것이니 다만 중생심에 의하여 나타낸

---

20) 은정희 역주. 같은 책, pp.333-334. 韓國佛教全書1, p.776b. "問曰. 上說法界一相, 佛體無二. 何故不唯念眞如. 復假求學諸善之行. 答曰. 譬如大摩尼寶, 體性明淨, 而有鑛穢之垢. 若人雖念寶性, 不以方便種種磨治, 終無得淨. 如是眾生眞如之法體性空淨, 而有無量煩惱染垢. 若人雖念眞如, 不以方便種種熏修, 亦無得淨. 以垢無量徧一切法故, 修一切善行以爲對治. 若人修行一切善法, 自然歸順眞如法故."

것이다. 중생심(衆生心)이란 마치 거울과 같으니, 거울에 만약 때가 있으면, 색상(色像)이 나타나지 않는 것처럼, 이와 같이 중생심에도 만약 때가 있으면 법신이 나타나지 않기 때문이다."21)

곧 아무리 부처의 신비한 변화라고 하더라도 중생의 마음의 거울에 때가 끼어 있으면 그 영향력은 약화될 수밖에 없다고 말하고 있는 것이다. 그러나 중생의 마음의 거울에 때가 끼어 있더라도 그것이 절대적인 장해물이 될 수는 없다. 원효는 이 부분에 대한 주석에서 다음과 같이 밝히고 있다.

이는 번뇌가 현행하는 것에 대하여 곧 때가 끼어서 보지 못한다고 하는 것을 말함이 아니니, 선성비구(善星比丘)와 및 조달(調達) 등은 번뇌심 중에도 부처를 볼 수 있었기 때문이다……이 논 중에서는 반드시 선(禪)을 해야 초발심(初發心)을 하는 것은 아니니, 왜냐하면 부처님이 세상에 계실 때에 한량없는 중생이 모두 발심하였어도 반드시 선(禪)을 가지고 있어야 하지는 않았기 때문이다.22)

곧 원효는 중생들이 여래의 신비한 변화를 보지 못하는 것이 단순히 그 업 때문이 아닐 수도 있음을 이야기하고 있는 것이다.

---

21) 은정희 역주, 같은 책, pp.350-351. 韓國佛敎全書1, p.779a. "問曰. 若諸佛有自然業能現一切處利益衆生者. 一切衆生, 若見其身, 若覩神變, 若聞其說, 無不得利. 云何世間多不能見. 答曰. 諸佛如來法身平等, 徧一切處, 無有作意故, 而說自然. 但依衆生心現. 衆生心者, 猶如於鏡. 鏡若有垢, 色像不現. 如是衆生心若有垢, 法身不現故."
22) 은정희 역주, 같은 책, pp.353-355. 韓國佛敎全書1, p.779b-c. "非謂煩惱現行, 便名有垢不見. 如善星比丘, 及調達等, 煩惱心中能見佛故. 此論中不必須禪乃初發心. 所以者何. 佛在世時, 無量衆生皆亦發心, 不必有禪故."

4절 수행신심분에서의 신앙

대승기신론의 수행신심분(修行信心分)은 그 제목부터 신심(信心)이 단지 어떤 주장을 인지적으로 믿는 데서 끝나는 것이 아니라 닦고 실천해야 하는 신앙이라는 것을 뚜렷이 이야기하고 있다.

이 부분에서는 우선 수행해야 할 신심으로 다음과 같이 네 가지를 이야기한다.

> 첫째는 근본(根本 Ultimate Source)을 신(信)하는 것이니, 소위 진여법을 즐겨 염(念)하기 때문이다. 둘째는 부처에게 한량없는 공덕이 있음을 신(信)하여 항상 부처를 가까이하고 공양하고 공경하여 선(善根)을 일으켜 일체지(一切智)를 구하려고 생각하기 때문이다. 셋째는 [초월적 실재로서의] 법(法)에 큰 이익이 있음을 신(信)하여 항상 모든 보라밀을 수행할 것을 생각하기 때문이다. 넷째는 사문이 바르게 수행하여 자리(自利)·이타(利他)할 것을 신(信)하여 항상 모든 보살들을 즐겨 친근히 하여 여실한 수행을 배우려고 하기 때문이다.23)

우리는 앞 절에서 분별발취도상을 살펴보는 가운데 신성취발심(信成就發心)을 이야기함에 있어서 첫째로 진여법을 바로 생각하는 것으로서의 직심(直心)을 이야기하는 부분을 살펴본 바 있거니와, 수행신심분에서 4신(四信)이라고 하여 삼보(三寶)에 대한 신앙과 더불어 진여법에 대한 신앙을 이야기하며 특히 진여법에 대한 신앙을 첫째로 거론하고 있는 것은 각별히 주목할 필요가 있다. 원효는 이 부분에

---

23) 은정희 역주, 같은 책, pp.359-360. 韓國佛敎全書1, p.780b. "一者信根本. 所謂樂念眞如法故. 二者信佛有無量功德. 常念親近供養恭敬, 發起善根, 願求一切智故. 三者信法有大利益. 常念修行諸波羅密故, 四者信僧能正修行自利利他. 常樂親近諸菩薩衆, 求學如實行故."

대하여 다음과 같이 설명하고 있다.

> 대답하여 말하는 신(信) 가운데 '근본을 신(信)한다'고 한 것은 진여의 법이 모든 부처의 귀의할 바이며 모든 행동의 근원이기 때문에 근본이라 한 것이다. 나머지 글은 알 수 있을 것이다.[24]

곧 원효는 네 가지 신(信) 가운데 진여법에 대한 신앙에 특별히 주목하면서 모든 부처의 귀의할 바라고까지 이야기하고 있다. 이러한 원효의 언급은 본서의 1부에서 살펴본 바 『상유타 니카야』의 「브라흐마 숫타」의 "외경에 대하여"라는 장에서 붓다가 다르마에 대하여 외경하겠다는 서약을 하는 내용과 일맥상통하는 것이다. 진여법은 부처에게 있어서도 귀의해야 할 초월적 실재인 것이다. 인슌(印順 Yin-shun)은 대승기신론강기(大乘起信論講記)에서 이 부분에 대하여 다음과 같이 이야기한다.

> 이 논은……진여와 여래장심(如來藏心)을 중시하여 이것이 삼보(三寶)의 근본이라고 여긴다. 따라서 삼보 위에 "근본에 대한 신(信)"을 더하고 있다.[25]

곧 인슌도 진여에 대한 신앙이 삼보에 대한 신앙보다 더 근원적인 실재에 대한 신앙임을 명시하고 있는 것이다. 다시 말해서 대승기신론은 궁극적 실재로서의 진여에 대한 신앙을 뚜렷이 이야기하고 있다고 할 수 있겠다.

수행신심분에서는 이처럼 진여에 대한 신앙과 더불어 삼보에 대한 신앙을 이야기하고 그러한 네 가지 유형의 신앙을 이루기 위한 수행

---

24) 은정희 역주, 같은 책, p.360. 韓國佛教全書1, p.780b. "答信中言信根本者. 眞如之法, 諸佛所歸, 衆行之原, 故曰根本也. 餘文可知."
25) 仁順, 『大乘起信論講記』(臺北: 廣益印書局, 1951), p.354.

으로서 다섯 가지를 이야기한다. 사신(四信)이 일심(一心)·이문(二門)·삼대(三大)·사신(四信)·오행(五行)이라고 하는 전통적인 대승기신론 이해 범주에서 네 번째 범주에 해당한다면 다섯 가지 수행은 오행(五行)에 해당한다. 다섯 가지 수행으로는 시문(施門)·계문(戒門)·인문(忍門)·진문(進門)·지관문(止觀門)이 이야기되는데 대승불교의 보살에 있어서의 대표적 수행법인 육바라밀(六波羅蜜)에 배당한다면 앞의 넷은 보시(布施)·지계(持戒)·인욕(忍辱)·정진(精進)에 해당하며 다섯 번째의 지관문은 선정(禪定)과 지혜(智慧)에 해당한다.[26] 곧 오행이란 육바라밀에 다름 아닌 것이다.

대승기신론에서는 이 오행을 설명함에 있어서도 앞의 넷을 간략히 설명하고 지관문을 상세히 설명함으로써 신앙의 실천에 있어서 지성적 통찰의 중요성을 뚜렷이 드러내고 있다.[27] 또한 대승기신론에서는 지(止)를 설명함에 있어서 진여가 근본이 됨을 다음과 같이 이야기한다.

> 이 삼매(三昧)에 의하기 때문에 곧 법계가 하나의 모습인 것을 아는 것이니, 일체 모든 부처의 법신(法身)이 중생의 신(身)과 더불어 평등하여 둘이 아님을 말하며, 이를 곧 일행삼매(一行三昧)라 이름한다. 진여가 이 삼매의 근본임을 알아야 할 것이니, 만일 사람이 수행하면 점점 무량한 삼매를 내는 것이다.[28]

곧 대승기신론에서는 부처나 중생에 있어서 법신(法身)이 진여로서 하나임을 아는 데 삼매(三昧)의 핵심이 있다는 것을 뚜렷이 이야기하고 있는 것이다. 원효도 또한 진여삼매의 중요성을 다음과 같이 뚜렷

---

26) 은정희 역주, 같은 책, p.361. 韓國佛敎全書1, p.780b.
27) 은정희 역주, 같은 책, p.361. 韓國佛敎全書1, p.780b. 원효도 이 부분에 대한 주석에서 이 사실을 지적하고 있다.
28) 은정희 역주, 같은 책, p.382. 韓國佛敎全書1, p.783c. "依是三昧故, 則知法界一相. 謂一切諸佛法身與衆生身平等無二, 卽名一行三昧. 當知眞如是三昧根本. 若人修行, 漸漸能生無量三昧."

이 밝히고 있다.

> 수행자는 진여삼매를 닦아야만 바야흐로 종성(種性)의 불퇴위(不退位)
> 중에 들어가는 것이며, 이 밖에는 불퇴위에 들어갈 수 있는 방법이 다시
> 없는 것이다.29)

대승기신론에서는 수행신심분에서 이야기되는 아미타불에 대한 신앙
또한 주목할 필요가 있다. 대승기신론의 이 부분은 일부 학자들에 의하
여 의심스러운 부분으로 지목되기도 했으나, 이 부분을 근거로 하여 정
토종 계통의 불자들이 대승기신론을 중시해온 것 또한 사실이다.30) 그
내용은 다음과 같다.

> 다음에 중생이 처음 이 법을 배워서 올바른 신(信)을 구하고자 하나 그
> 마음이 겁약하여, 이 사바세계(娑婆世界)에 머무름에 스스로 항상 제불(諸
> 佛)을 만나 친히 받들어 공양하지 못할까 두려워한다. 그가 걱정하면서
> 말하기를 '신심은 성취하기가 어렵다'라고 하니, 뜻이 퇴전하려고 하는 이
> 는 여래가 수승한 방편이 있어 신심을 섭호(攝護)함을 알아야 할 것이다.
> 이는 뜻을 오로지하여 부처를 생각한 인연으로 원(願)에 따라 타방불토
> (他方佛土)에 나게 되어 항상 부처를 친히 보아서 영원히 악도(惡道)를
> 여의는 것을 말하는 것이다. 이는 수다라에서 '만일 어떤 사람이 오로지
> 서방극락세계의 아미타불(阿彌陀佛)을 생각하여 그가 닦은 선근으로 회향
> 하여 저 세계에 나기를 원구(願救)하면 곧 왕생(往生)하게 되며 늘 부처
> 를 친히 보기 때문에 끝내 퇴전함이 없을 것이다'라고 한 것과 같으니,
> 만약 저 부처의 진여법신을 관(觀)하여 항상 부지런히 수습하면 필경에
> 왕생하게 되어 정정(正定)에 머물기 때문이다.31)

---

29) 은정희 역주, 같은 책, pp.400-401. 韓國佛敎全書1, p.786c. "行者要修眞如三昧, 方
 入種性不退位中. 除此更無能入之道."

30) *The Awakening of Faith-Attributed to Aśvaghosha*, Trans. Yohito S. Hakeda (New
 York: Columbia University Press, 1967), pp.10-11.

31) 은정희 역주, 같은 책, pp.409-410. 韓國佛敎全書1, p.788b. "復次衆生初學是法, 欲

곧 대승기신론에서는 '올바른 신(信)'이라고 하여 올바른 통찰에 기초한 신(信)이어야 함을 강조하면서 동시에 마음이 겁약한 사람이라도 불토(佛土)에 왕생하여 구원의 길을 갈 수 있음을 뚜렷이 이야기하는 것이다. 다만 끝부분에서 진여법신을 관하여야 왕생할 수 있는 듯 이야기하는데 이 부분에 대해서 원효는 다음과 같이 풀이하고 있다.

> '만약 법신을 보면 필경에 왕생하게 된다'는 것은 십해(十解) 이상의 보살이 조금이나마 진여법신을 보게 됨으로써 필경에는 극락세계에 왕생하게 됨을 밝히고자 하는 것이니, 이는 위의 신성취발심(信成就發心) 중에서 '조금이라도 법신을 보게 되기 때문'이라고 한 것과 같으며, 이는 상사견(相似見)이라는 점에 의거한 것이다. 또한 초지(初地) 이상의 보살이 저 부처의 진여법신을 틀림없이 보기 때문에 '필경에 왕생하게 된다'고 말하니, 이는 『능가경(楞伽經)』에서 용수보살을 찬탄하여 "환희지(歡喜地)를 증득하고 안락국(安樂國)에 왕생하기 때문이다"라고 한 것과 같다. 이 중에 『기신론』의 뜻은 위의 수준에 있는 사람을 들어서 필경 왕생함을 밝힌 것이지, 법신을 아직 보지 못하면 왕생할 수 없음을 말하는 것은 아니다.32)

곧 원효는 법신을 보는 것이 상당히 뛰어난 경지의 보살들에서나 가능한 것임을 자세히 밝히면서, 동시에 "법신을 아직 보지 못하면 왕생할 수 없음을 말하는 것은 아니다."(非謂未見法身不得往生也)라고 하여 폭넓은 해석을 하고 있다. 곧 원효는 대승기신론에서 불토에

求正信, 其心怯弱. 以住於此娑婆世界, 自畏不能常値諸佛, 親承供養. 懼謂信心難可成就, 意欲退者. 當知如來有勝方便, 攝護信心. 謂以專意念佛因緣, 隨願得生他方佛土, 常見於佛, 永離惡道. 如脩多羅說, 若人專念西方極樂世界阿彌陀佛, 所修善根迴向願求生彼世界, 卽得往生. 常見佛故, 終無有退. 若觀彼佛眞如法身, 常勤修習, 畢竟得生住正定故."

32) 은정희 역주, 같은 책, pp.410-412. 韓國佛敎全書1, p.788b-c. "若觀法身畢竟得生者. 欲明十解以上菩薩, 得少分見眞如法身, 是故能得畢竟往生. 如上信成就發心中言以得少分見法身故, 此約相似見也. 又復初地已上菩薩, 證見彼佛眞如法身, 以之故言畢竟得生. 如楞伽經歎龍樹菩薩云, 證得歡喜地. 往生安樂國故. 此中論意約上輩人明畢竟生. 非謂未見法身不得往生也."

의 왕생을 뛰어난 경지의 보살에만 한정하는 것이 아님을 뚜렷이 밝혀주고 있는 것이다. 이것은 원효가 정토불교에 대해서 상당한 관심을 갖고 있음을 보여준다.33)

박성배 교수는 선불교가 고도로 영적 성숙을 이룬 사람들을 위한 가르침인 데 반해 정토신앙은 진정한 명상을 할 수 없는 낮은 차원의 사람들을 위하여 고안된 것이라는 입장을 불교에 관한 가장 심각한 오해 중의 하나라고 이야기한다.34) 그는 한국의 가장 뛰어난 학자이자 성인으로 존경받는 원효조차 그 생애에 있어서 처음에는 신동으로서 화엄불교에 집중하면서 영적 삶을 시작하였으나 여타의 온갖 교파의 가르침들을 섭렵한 말년에는 오로지 정토수행에 전념했음을 뚜렷한 반증으로 제시하면서 다음과 같이 말한다.

> 원효로 인하여 한국인들이 모두 아미타불의 명호를 염송하게 되었다고 한다. 우리는 이 이야기에서 무엇을 배울 수 있는가? 원효는 불교를 수행하면 할수록 정토불교에 대한 이해가 깊어졌다. 그는 불교에 대한 이해가 더 진전될수록 자기 자신의 성취 수준을 낮게 평가하게 되었다. 원효는 정토불교를 수행하면서 스스로를 가장 천한 신분의 사람으로 자처하여 소성거사(小姓居士, 혹은 卜姓居士)라고 일컬었다. 자신의 낮은 처지에 대한 이러한 깨달음은 원효의 생애에 있어서 위대한 깨달음 중의 하나로 여겨졌다. 그는 그 후로 계속해서 정토염불수행에 열심히 매진하였다.35)

이러한 박성배 교수의 설명은 원효에 있어서 정토 수행의 깊은 의미를 뚜렷이 드러내주고 있으며 대승기신론에 대해서도 새로운 차원에서의 깊은 이해를 가능하게 한다. 그는 정토 염불이 퇴전(退轉)함이 없는 신앙을 이루는 쉬우면서도 실질적이고 근원적인 수행이라는 점

---

33) 은정희 역주, 같은 책, pp.411-412. 韓國佛敎全書1, p.788b-c.
34) Sung Bae Park, *Buddhist Faith and Sudden Enlightenment*, (Albany: State University of New York Press, 1983), pp.90-91.
35) ibid., pp.91-92.

을 밝히는 것이 대승기신론이라고 이야기한다.36) 그는 퇴전함이 없다
는 것의 중요성을 다음과 같이 이야기한다.

> ……구원의 관점에서 참으로 의미 있는 문제는 자력 대 타력의 문제가
> 아니라 조사들의 신앙 대 교학적인 신앙의 문제이다. 여기에서 요점은 불
> 교에서 올바른 수행과 올바른 깨달음은 올바른 신앙 곧 조사(祖師)들의
> 신앙을 요한다는 것이다. 그런데 조사들의 신앙은 자력이나 타력의 어느
> 관점에서든 진전될 수 있다. 조사들의 신앙의 기준은 자력이나 타력이 아
> 니라 불퇴(不退) 곧 퇴전함이 없는 것이다. 조사들의 신앙의 가장 중요한
> 귀결은 돈오(頓悟)인바, 그 신앙이 조사들의 신앙이냐 교학적인 신앙이냐
> 를 판가름하는 것은 우리의 신앙에 있어서 갑작스러우면서도 퇴전함이 없
> 는 자질이지 자력이냐 타력이냐의 문제가 아니다.37)

이러한 박성배 교수의 관점은 신앙에 대한 스미스의 관점 곧 초월
적 실재에 대한 통찰과 응답으로서 신앙을 바라보는 관점과 놀라울
정도로 부합하는 것이다. 참된 신앙은 교학적 체계 안에 있는 것이
아니라 깨달음의 등불을 전하는 조사(祖師)들의 마음속에서 불타오르
는 불꽃에 있는 것이다. 그리고 그 불꽃이 사그라지지 않고 계속해서
불타오르는 데 결정적으로 중요한 신앙이 아미타불 신앙임을 박성배
교수는 원효의 생애를 통하여 뚜렷이 이야기하고 있는 것이다.

우리는 지금까지 대승기신론을 월프레드 캔트웰 스미스의 신앙 개
념에 준하여 살펴보았다. 그 결과 대승기신론이 단순히 현상으로서의
마음에 관하여 설명하는 논서가 아니라, 초월적 실재에 대한 깊이 있
는 통찰을 보여주는 저서라는 것을 알 수 있었다. 대승기신론은 제목
그대로 법으로서의 '대승'(大乘) 곧 '일심'(一心)이라고 일컬어지는 초
월적 실재가 우리에게 '신'(信) 곧 신앙을 일으키는 힘이 있다는 것을

---

36) ibid., p.91.
37) ibid., pp.93-94.

자상하게 풀이해주고 있는 저술인 것이다. 그 신앙이라는 것은 맹목적이거나 회의적인 믿음이 아니라 초월적 실재의 초월성을 깊이 있게 통찰하는 데서 얻어지는 신앙이며, 그 초월성에 대한 통찰이 깊어질수록 신앙도 깊어지는 것이다.

대승불교는 성불(成佛)의 가능성을 모든 중생에게 제시하는 가운데 대두되는 불교사상이다. 그리고 그러한 성불(成佛)이 가능하게 하는 기반으로서 공(空)이라든가 식(識)에 대한 사상이 발전하여 대승불교의 사상사를 형성하게 된다. 그리고 이러한 사상을 변증법적으로 종합하여 성립하는 것이 대승기신론인 것이다. 요컨대 공(空) 사상과 유식(唯識) 사상이 다소 부정신비주의의 길을 제시하고 있다면 대승기신론은 초월적 실재가 중생의 생멸하는 번뇌의 세계에 적극적으로 개입하면서 중생들의 구원을 이끌어간다는 적극적인 긍정신비주의의 길을 제시한다고 할 수 있다. 또한 대승기신론은 어떤 영원한 죽음과 같은 피동적이고 정태적인 상태로 완성되는 경지가 아니라 진여훈습의 힘과 함께 부단히 스스로를 초월해가는, 역설적으로 말하자면 완성이 없는 완성을 향해가는 부처의 경지를 이상적으로 제시하고 있다.

이러한 이해에서 우리는 불교 신앙이 그리스도교의 신앙과 그렇게 현격하게 다른 신앙이 아니라는 것을, 곧 불교나 그리스도교나 양쪽 모두 초월적 실재(the transcendent reality)에 대한 신앙을 가르치는 종교라는 것을 뚜렷이 볼 수 있다. 부정신비주의에 대하여 다소 비판적인 경향을 지녀온 그리스도교로서는 대승기신론의 적극적 가르침을 접함으로써 불교가 암중모색의 자력적 종교에 불과한 것이 아니라 궁극적이고 초월적인 실재의 자비로운 섭리하에 중생들의 구원을 선포하는 적극적인 구원의 종교라는 것을 뚜렷이 인식하는 계기를 얻을 수 있을 것이다. 이와 같은 이해에 기초하여 그리스도인들과 불자들이 서로 대화에 나설 때 서로의 신앙은 더욱 풍요롭고 깊이 있는 신앙으로 성숙되어갈 것이다.

결 론

　우리는 지금까지 윌프레드 캔트웰 스미스의 독특한 종교관 및 그에 기초한 그리스도교와 불교에 대한 새로운 이해를 살펴보고 그의 관점에 따라 원효의 『대승기신론별기(大乘起信論別記)』와 『기신론소(起信論疏)』를 중심으로 대승기신론에 대한 이해를 시도해보았다.

　그 결과 우리는 우선 캔트웰 스미스가 종교를 인격적 신앙과 축적적 전통이라는 두 범주에서 바라봄으로써 종교에 대한 기존의 인식론적 폄하를 성공적으로 극복하는 과정을 살펴볼 수 있었다. 곧 종교가 지식(knowledge) 이하의 차원에 있는 맹목적 믿음의 차원이 아니라 뚜렷한 통찰에 기반을 두는 응답으로 이루어져왔음을 인식해야만 제대로 이해될 수 있다는 것을 알 수 있었다. 또한 종교를 소위 빅뱅(Big Bang) 이론에[1] 따라 그 창시된 때를 가장 순수한 때로 보고 그 이후의 역사를 쇠퇴의 역사로 보거나 일종의 합성물로 보아서 그 이전의 구성요소로 환원하려는 연구 태도가 다소의 의미는 있을지도 모르지만 종교적 의미의 차원에 있어서는 그 의미를 밝힌다기보다는 무

---

[1] 대폭발이론(大爆發理論)이라고도 한다. 우리의 우주가 대략 137억 년 전에 극히 높은 밀도와 온도를 가진 상태에서 순간적인 대폭발이 발생하고 수천억 조 분의 1초도 안 되는 짧은 시간에 엄청난 팽창이 일어나면서 시작되었다는 이론. 캔트웰 스미스는 종교의 역사에 있어서 그 천재적 창시자의 등장으로 모든 것을 설명하려는 기존의 태도를 이에 빗대어 비판하면서, 종교의 역사는 이러한 이론과는 달리 점진적이고 축적적인 과정에 따라 진행되어 왔음을 강조한다.

시하거나 해체시켜버리는 중대한 과오를 범하게 된다는 것을 살펴볼 수 있었다. 곧 종교를 빅뱅 이론식으로 창시자에게만 모든 초점을 맞추어 볼 것이 아니라 지속적 창조의 차원에서 계속해서 축적되어오고 있는 전통으로서 신앙의 차원에서 이해할 때 정당하게 그 가치와 의미를 이해할 수 있다는 것을 알 수 있었다.

그 다음으로 우리는 이러한 맥락에서 그리스도교가 단순히 여러 존재자들 가운데 하나로서의 신에 대한 맹목적 믿음을 구원의 대가로 요구하는 저급한 종교가 아니라는 것을 보다 뚜렷하게 인식할 수 있었다. 곧 우리는 하느님을 우리가 우리 자신과 우리의 이웃과 우리가 살아가는 우주를 초월적 차원 곧 신앙적 차원에서 바라볼 수 있게 하는 궁극적 기반으로서 이해할 수 있게 되었다.

그리고 우리는 스미스가 이러한 통찰을 남방 상좌부 불교를 이해하는 데 적용함으로써 기존의 무신론적 관점을 성공적으로 극복하고 있음을 보았다. 곧 단순히 개념의 형식적 의미(denotation)만을 바라보는 것이 아니라 남방 상좌부 불교에서 신앙적 차원에서의 함의(connotation)에 심층적 주의를 기울임으로써 스미스는 상좌부 불교가 무신론이 아니라 초월적 실재(the transcendent reality)에 대한 신앙 곧 다르마(Dharma)라는 초월적 실재에 대한 뚜렷한 통찰과 응답이라는 것을 명료하게 밝혀주었다.

우리는 또한 이러한 스미스의 통찰을 대승기신론에 대해 적용해봄으로써 대승불교 전통도 진여(眞如)로서의 일심(一心)이라는 초월적 실재에 대한 통찰과 응답으로 정당하게 이해될 수 있음을 살펴볼 수 있었다.

대승불교는 특히 유식(唯識) 사상에서 초월적 실재로서 다르마 곧 법(法)에 대하여 인식적이고 심리적인 차원에서 접근을 시도하며, 이러한 시도에서 더 나아가 여래장(如來藏) 사상은 꽃을 피우게 된다. 곧 초월적 실재로서의 다르마는 유식사상에서 유식무경(唯識無境) 혹은 경식구민(境識俱泯)의 차원을 통하여 묘사되며 여래장 사상에서는 여래장(如來藏)·진여(眞如)·일심(一心) 등으로 표현된다. 특히 유식사상에서는 식(識)의 허망한 차원에 초점을 맞추어 부정신비주의의 측면에서 인식의 대상과 인식의 주체 모두가 사라지는 경식구민(境識俱泯)의 신비적 경지를 이야기하는 쪽으로 경도되는 문제가 있었던 데 반하여, 여래장 사상은 현상적 인식의 허망성보다는 초월적 인식의 진실성에 초점을 맞추는 길을 택함으로써 다르마 곧 법(法)의 구원에서의 역할에 주목하게 된다. 이러한 과정에 있어서 대승기신론은 그 정점에 위치하는 사상을 천명하고 있는바, 대승기신론에서 일심(一心)은 단순히 구원 가능성의 기반이 될 뿐만 아니라 일체 중생을 구원으로 이끌어가는 적극적이고 능동적인 힘을 지닌 실재로서 이야기된다.

　신앙을 초월적 실재에 대한 통찰과 응답으로서 바라보는 캔트웰 스미스의 신앙관은 대승기신론에서의 일심(一心)이 지니는 이러한 함의를 심층적으로 정당하게 이해하도록 해준다. 곧 우리는 본서에서 스미스의 신앙관을 통해서 대승기신론에서의 일심(一心)이 단순한 현상으로서의 마음을 가리키는 것이 아니라 현상으로서의 마음을 초월하여 있는 실재로서 미망 속에 헤매는 중생들을 깨달음의 세계로 인도하며, 미망이 모두 끊어진 뒤에도 여전히 정법훈습(淨法薰習)이 지속된다는 점에서 항구적이며 적극적인 훈습(薰習)의 힘까지 갖추고 있는 역동적 실재라는 것을 볼 수 있었다. 일심의 이러한 초월적 실재로서의 면모에 대한 바른 이해가 불퇴전(不退轉)의 신심(信心)으로 이끌어준다는 점에서 불교에서의 신앙이 맹목적 믿음이 아니라 초월적 실재에 대한 통찰을 기반으로 한 응답으로 정당하게 이해되어야 한다는 것도 당연한 것임을 알 수 있었다.

　이와 같은 불교 이해는 기존에 타자로서의 초월에 다소 경도되어 있던 그리스도인들에 있어서는 내재적 초월을 지향하는 오늘날의 시대적 요청에 발맞추어 그리스도교 신학을 재정립하는 데 중요한 시사점을 줄 수 있을 것이다. 또한 이는, 불자들에 있어서도 스스로의 전통에 대한 그리스도교적 이해를 통하여 그리스도인들에게 스스로의 전통을 보다 긍정적이고 적극적으로 알릴 수 있을 뿐만 아니라, 그리스도교 전통을 보다 깊이 있게 이해하면서 그리스도인들을 보다 긍정적이고 적극적으로 진리를 향해 함께 가는 도반들로 깊이 인식할 수 있는 계기를 만들어줄 수 있을 것이다.

요컨대 초월적 실재에 대한 통찰과 응답 곧 인격적 신앙과 축적적 전통으로서 종교를 이해하자는 스미스의 주장은 기존의 무기력한 종교 이해를 극복할 뿐만 아니라 인류사에 대한 심오한 이해를 통해 인간에 대한 새로운 비전을 제시해주고 있음을 볼 수 있었다.

그러나 대승기신론을 그저 원효의 주석과 함께 살펴본 것은 대승기신론의 동아시아에서의 영향력을 고려해 볼 때 매우 작은 부분을 살펴본 것에 지나지 않는다. 원효의 주석서에 대한 이차적인 신앙적 저술이나 연구 저술 또한 무수하게 진행되어 왔다. 그러한 저술들에 대한 포괄적이고 공정한 평가는 현재의 필자로서나 혹은 어느 일개인으로서 다 파악하기는 어려운 것이다.

종교를 빅뱅이론식으로 창시의 시점에 모든 것이 완벽하게 이루어진 것으로 볼 것이 아니라 지속적 창조 과정 가운데 각 사람들의 신앙과 그 각각의 사람들이 조금씩이나마 모두 기여해서 이루어지는 축적적 전통이라고 이해할 때 우리 각자가 어느 한 종교에 대해서 이해하는 것은 아무리 소중하고 대단한 것이라고 해도, 불교적으로 비유하자면 갠지스 강의 모래 가운데 한 줌을 집어 올리는 것에 불과하다고 할 수도 있을 것이다.

참고 문헌

Ⅰ. 원전류

馬鳴菩薩, 眞諦譯, 『大乘起信論』 1권, 大正藏32.

馬鳴菩薩, 實叉難陀譯, 『大乘起信論』 2권, 大正藏32.

馬鳴菩薩, 眞諦譯, 『大乘起信論』, 宇井伯壽 譯註. 東京: 岩波書店, 1936.

明石惠達, 『兩譯對照內容分科 大乘起信論』. 京都: 永田文昌堂, 1971.

慧遠, 『大乘起信論義疏』, 大正藏44.

元曉, 『大乘起信論疏記會本』, 韓國佛敎全書1, 동국대출판부, 1979.

法藏, 『大乘起信論義記』, 大正藏44.

宗密, 『大乘起信論疏』, 縮冊藏經 論疏部 調八.

Smith, Wilfred Cantwell. *The Meaning and End of Religion: a New Appoach to the Religious Traditions of Mankind*, New York: Macmillan, 1963.

Smith, Wilfred Cantwell. 'Religious Atheism? Early Buddhist and Recent American' *Comparative Religion: the Charles Strong Trust Lectures 1961-1970*. Ed. John Bowman. Leiden: F. J. Brill, 1972. 53-81.

Smith, Wilfred Cantwell. *Religious Diversity: Essays by Wilfred Cantwell Smith*, edited by Willard G. Oxtoby, New York: Harper and Row, 1976.

Smith, Wilfred Cantwell. *Belief and History*, Charlottesville: University Press of Virginia, 1977; republished as *Believing: an Historical perspective*, 1998.

Smith, Wilfred Cantwell. *Faith and Belief*, Princeton: Princeton University Press, 1979; republished as *Faith and Belief: the Difference between Them*, 1998.

Smith, Wilfred Cantwell. *Towards a World Theology: Faith and the Comparative History of Religion*, Basingstoke: Macmillan: Philadelphia: Westminster, 1981.

Smith, Wilfred Cantwell. 'Theology and the World's Religious History' *Toward a Universal Theology of Religion*. Ed. Leonard Swidler. Maryknoll: Orbis, 1987. pp.51-72.

Smith, Wilfred Cantwell. *What is Scripture? A Comparative Approach*, London: SCM Press; Minneapolis, Fortress, 1993.

Smith, Wilfred Cantwell. *Modern Culture from a Comparative Perspective*, Ed. John W. Burbidge, Albany: State University Press of New York, 1997.

Smith, Wilfred Cantwell. *Patterns of Faith around the World*, Oxford: Oneworld, 1998.

Smith, Wilfred Cantwell. *Believing: an Historical Perspective*, Oxford: Oneworld, 1998.

Smith, Wilfred Cantwell. *Faith and Belief: the Difference between Them*, Oxford: Oneworld, 1998.

Smith, Wilfred Cantwell. *Wilfred Cantwell Smith: A Reader*, Kenneth Cracknell (ed.), Oxford, Oneworld, 2001.

Ⅱ. 2차 사료

고익진, 『불교의 체계적 이해』, 서울: 새터, 1994.

김무득 역주, 『大乘起信論과 疏와 別記』, 서울: 경서원, 1991.

송찬우 옮김, 『大乘起信論』馬鳴菩薩 저·憨山大師 풀이, 서울: 세계사, 1993.

오지섭, 『한국 유·불 공존의식의 배경에 관한 연구-월프레드 캔트웰 스미스의 종교 이해에 근거하여-』(2001년 서강대학교 종교학과 박사학위 논문)

윤영해, 『주자의 불교비판 연구』(1996년 서강대학교 종교학과 박사학위 논문).

은정희 역주, 『원효의 대승기신론 소·별기』, 서울: 일지사, 1991.

이기영, 『思索人의 念珠』, 서울: 한국불교연구원, 1977.

이홍우 번역·주석, 『大乘起信論』馬鳴 著·眞諦 漢譯, 서울: 경서원, 1991.

길희성, 『지눌의 선사상』, 조합공동체 소나무, 2001.

길희성, 『포스트모던 사회와 열린 종교』, 서울: 민음사, 1994.

김탄허, 『懸吐譯解 起信論』, 서울: 교림, 1980.

김형효·길희성 외 공저, 『지눌의 사상과 그 현대적 의미』, 성남: 한국정신문화연구
　　원, 1996.
박태원, 『대승기신론사상연구(1)』, 서울: 민족사, 1994.
전종식, 『대승기신론에 대한 원효·법장의 주석비교』, 서울: 도서출판 예학, 2006.
한자경, 『유식무경』, 서울: 예문서원, 2000.
仁　順, 『大乘起信論講記』, 廣益印書局, 1951.

鎌田茂雄, 『大乘起信論物語－中國佛敎の實踐者たち』, 東京: 大法輪閣, 1987.
鎌田茂雄, 『宗密敎學の思想史的硏究』, 東京: 東京大學出版會, 1975.
久松眞一, 『起信の課題』, 理想社, 1983.
柏木弘雄, 『大乘起信論の硏究』, 春秋社, 1981.
佛敎思想硏究會 編, 『信』－佛敎思想11, 1992.
勝又俊敎, 『佛敎における心識說の硏究』, 山喜房佛書林, 1974.
井上克人 編, 『大乘起信論の硏究』, 關西大學出版部, 2000.
竹村牧男, 『大乘起信論讀釋』, 山喜房佛書林, 1985.
平川彰, 『大乘起信論』, 佛典講座 22, 大藏出版社, 1973.
平川彰 編, 『如來藏と大乘起信論』, 東京: 春秋社, 1990.
平川彰 編, 李浩根 譯, 『印度佛敎의 歷史』上, 민족사: 1989.
平川彰 編, 李浩根 譯, 『印度佛敎의 歷史』下, 민족사, 1991.

Chae Young Kim. "A Comparative Study of Psyche and Person in the Works of C.
　　G. Jung and W. C. Smith" Ph. D. dissertation, Ottawa University, 1992.
D. T. Suzuki (trans.), *Awakening of Faith in the Mahayana*, The Open Court Publi-
　　shing Co, 1900.
Dirck Vorenkamp (trans.), *An English Translation of Fa-Tsang's Commentary on The
　　Awakening of Faith*, The Edwin Mellen Press, 2004.
John Ross Carter, *Dhamma, Western Academic and Sinhalese Buddhist Interpretations,
　　A Study of A Religious Concept*, Tokyo: The Hokuseido Press, 1978.
John Ross Carter, Ed. *Of Human Bondage and Devine Grace: A Global Testimony*,
　　La Salle: Open Court, 1992.
Hughes, Edward J, *Wilfred Cantwell Smith: a Theology for the World*, London: SCM

Press, 1986.

Kuk-Won Bae. *Homo Fidei; A Critical Understanding of Faith in the Writings of Wilfred Cantwell Smith and Its Implications for the Study of Religion.* New York: Peter Lang, 2003.

Lai, Whalen Wai-lun. "The Awakening of Faith in Mahayana(Ta-ch'eng ch'i-hsin lun): a Study of the Unfolding of Sinitic Mahayana Motifs." Ph. D. dissertation, Harvard University, 1975.

Peter N. Gregory. *Tsung-mi and the Sinification of Buddhism*, Princeton Univ. Press, 1991.

Yoshito S. Hakeda (trans.), *The Awakening of Faith*, Columbia Univ. Press, 1967.

· 저자 ·

류제동　　· 약 력 ·
서강대학교 대학원에서 종교학(불교학 전공)으로 석사학위와 박사학위를 받았다.
현재 가톨릭대학교, 서강대학교, 성균관대학교에서 강사로 있다.

· 주요 논저 ·
「연구논문」
「초기불교의 출가에 대한 종교학적 이해 - 상좌부 불교의 경전을 중심으로」
"Fana and Sunyata: A Possible Encounter between Islam and Buddhism in Korea
upon Wonhyo's Commentary on *the Awakening of Faith in Mahayana*"
"A Possible Consensus between Jinul and Songchol in the Structure of Sudden
Awakening and Gradual Practice"

『저서』
구원이란 무엇인가(공저)
인간본성에 관한 철학 이야기(공저)
재미있는 종교 이야기: 신문이 보이고 뉴스가 들리는(공저)

외 다수

· 초판 인쇄	2007년 5월 25일
· 초판 발행	2007년 5월 25일
· 지 은 이	류제동
· 펴 낸 이	채종준
· 펴 낸 곳	한국학술정보㈜
	경기도 파주시 교하읍 문발리 526-2
	파주출판문화정보산업단지
	전화　031) 908-3181(대표)·팩스　031) 908-3189
	홈페이지　http://www.kstudy.com
	e-mail(출판사업부)　publish@kstudy.com
· 등　　록	제일산-115호(2000. 6. 19)
· 가　　격	23,000원

ISBN　　978-89-534-6769-9 93200 (Paper Book)
　　　　978-89-534-6770-5 98200 (e-Book)